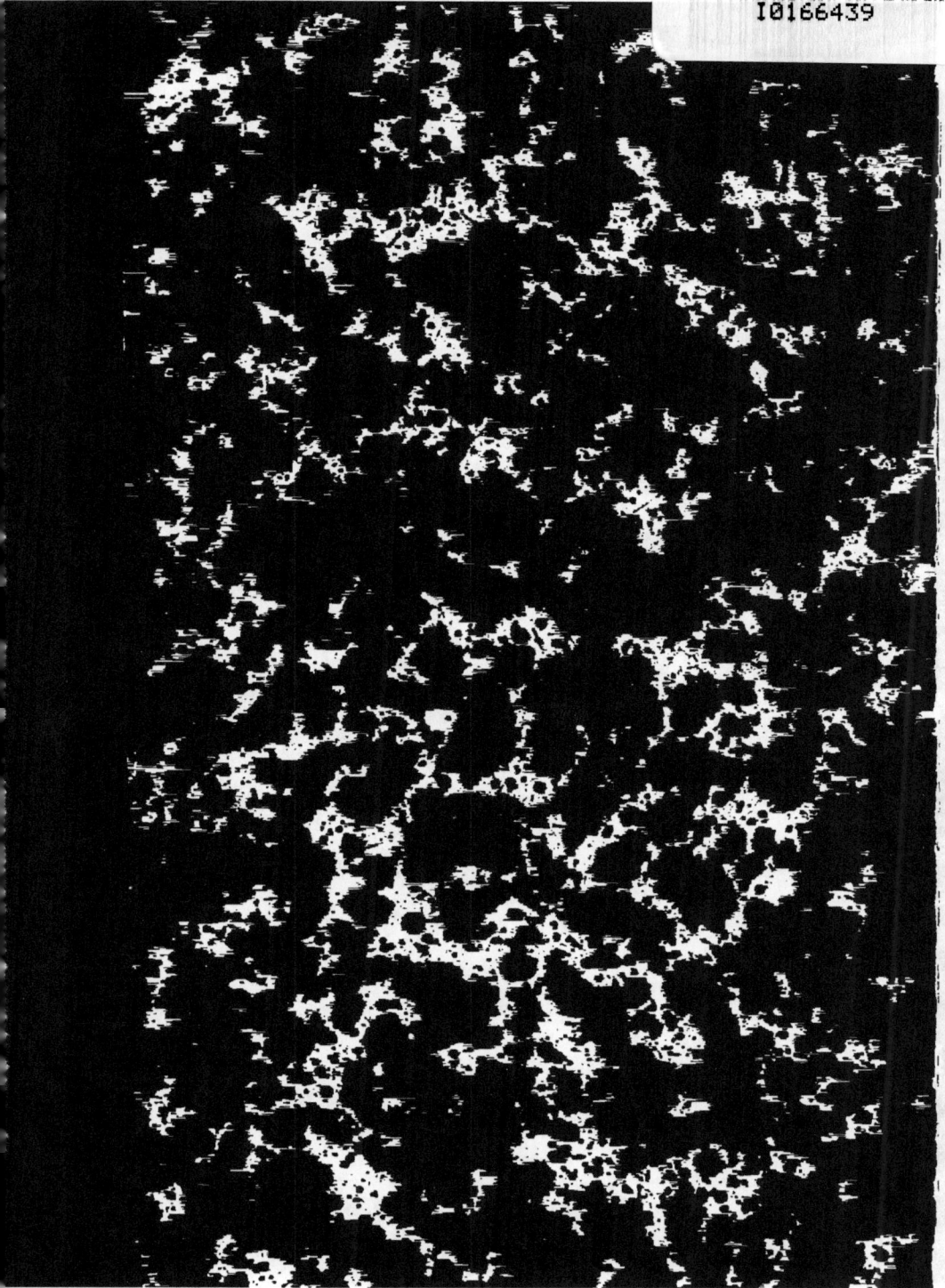

ÉLOGE

HISTORIQUE

DE JEAN GENSFLEISCH

DIT

GUTTENBERG.

JEAN GUTENBERG

Inventeur de l'Imprimerie

Mort en 1468.

ÉLOGE

HISTORIQUE

DE JEAN GENSFLEISCH

DIT

GUTTENBERG,

PREMIER INVENTEUR

DE L'ART TYPOGRAPHIQUE

A MAYENCE.

Par M. J.-F. NÉE DE LA ROCHELLE,
Juge de Paix à la Charité sur Loire.

Arma canant alii; dicam decus undè Typorum,
Qui loca, qui laudem prelo meruere Magistri.

Lud. A. Pr. HÉRISSANT, *Typographia, carmen.*

A PARIS,

CHEZ D. COLAS, IMPRIMEUR-LIBRAIRE,
Rue du Vieux-Colombier, n° 26, faubourg St.-Germain.

1811.

AVERTISSEMENT.

J'AVAIS lu dans le *Publiciste* du 25 germinal an XII, l'annonce d'un prix proposé par la Société des arts et des sciences de Mayence, le 16 du même mois, à tous les amis du bel Art d'imprimer, pour l'éloge de *Jean* GENS-FLEISCH de *Sorgenloch*, dit GUTTENBERG, natif de Mayence, l'un des inventeurs de cet art immortel; et l'envie me prit de me placer sur les rangs pour le disputer. Sans doute l'entreprise était difficile pour un homme éloigné de Mayence, berceau de l'imprimerie, et des grandes bibliothèques de la capitale, où l'on peut comparer les premiers monumens de l'art, les discuter à son aise, où l'on trouve enfin les livres de bibliographie les plus utiles dans ce genre de travail. J'eus alors occasion de faire un voyage à Paris et de voir à la bibliothèque impériale, dans celles de Sainte-Geneviève et du collège de Mazarin quelques-unes de nos premières éditions. Je fis des notes, je pris des extraits, et, muni de ces ressources, jointes à quelques livres de bibliographie que je possède, je revins dans ma province, et je composai un Eloge de *Guttenberg* qui fut adressé le premier nivose an XIII à Monsieur le Président de la Société des arts et des sciences à Mayence, quelques mois avant le délai accordé pour l'envoi des pièces au concours. Sans doute cet Eloge est arrivé à sa destination ; mais deux guerres successives en Allemagne ont mis obstacle à la distribution du prix proposé, car je n'en ai plus entendu parler. Je n'ai point vu dans les journaux qu'il ait été distribué, et j'ai quelque raison de croire que l'on attend la paix pour s'occuper de ce projet littéraire, et aussi de celui d'élever à Mayence un monument à *Jean Guttenberg* ; d'autant

mieux que ce monument, dit son Excellence Monseigneur le Ministre de l'Intérieur à Monsieur le président de l'Assemblée du département du Mont-Tonnerre, dans une lettre où il approuve le projet de l'Assemblée départementale, « doit répondre à la gran-
» deur de l'invention d'un homme que l'on
» peut compter parmi les bienfaiteurs de
» l'humanité, et au caractère élevé du grand
» Peuple au milieu duquel il sera érigé. »

Depuis ce tems la réflexion m'a fait apercevoir que j'étais réellement beaucoup trop éloigné du lieu qui fut le berceau de l'Imprimerie, pour disputer avec quelqu'avantage un prix qui sera obtenu par des hommes ayant sous les yeux les premiers monumens de l'art typographique, pouvant suivre à la trace toutes les traditions écrites ou orales, et recevoir des savans d'Allemagne et d'Alsace tous les renseignemens, toutes les découvertes et les communications nécessaires pour faire un éloge complet et mûri du premier des typographes.

J'ai su depuis qu'un M. *Fischer* avait publié à Mayence dès l'an X., format *in-4°*, un *Essai sur les monumens typographiques de* Jean Guttenberg; et je dois croire que depuis cinq ans M. *Fischer* n'a cessé de perfectionner son travail par des recherches multipliées. Je n'ai pu me procurer ce petit ouvrage, ni comparer par conséquent ses vues avec les miennes (1); savoir, s'il a connu plus de monumens de *Guttenberg* et de ses élèves que moi, s'il les a discutés plus ou moins soigneusement que je n'ai su le faire (2).

---

(1) Cependant j'ai pu en avoir depuis peu l'idée par *l'analyse des opinions diverses sur l'origine de l'Imprimerie,* par M. *Daunou,* publiée au mois de frimaire an XI, in-8°, à *Paris;* et si M. *Fischer* n'a pas obtenu des renseignemens plus précis, je crois avoir pénétré plus avant que lui dans la connaissance de la vie et des travaux de *Guttenberg.*

(2) J'apprends en avril 1810, par la voie des journaux,

Dans cette perplexité je ne puis me pro-
mettre une médaille que le désir de la
gloire peut seul engager à disputer, car
elle n'est pas d'assez haut prix (240 fr.)
pour y attacher un plus grand intérêt ; mais
il me serait agréable de concourir d'une manière quelconque à la perfection de l'éloge
de *Guttenberg*, et sous ce point de vue
je puis offrir au Public mon travail, qui est
le fruit de quelques réflexions, de l'habi-
tude de juger les premiers monumens de la
typographie et de les discuter : on y verra
la manière dont j'ai conçu cet Eloge, dont
j'ai tâché d'éclaircir certains faits qui invo-
quaient le secours de la critique ; les rapprochemens qu'ils ont nécessités, et comment j'ai
développé, par les travaux de *Guttenberg*,

---

qu'en effet M. le professeur *Fischer*, qui réside maintenant
à Moscou, a découvert à Mayence un almanach composé
pour l'an 1457, et l'on en infère qu'il est antérieur au
Psautier. Disons *quant à la publication*, car le Psautier a
dû employer plus de tems à l'impression qu'un almanach.

quelques circonstances de sa vie. Elle commence à être ici un peu plus connue que
je ne l'ai trouvée dans les écrits qui ont
précédé le mien, et il sera possible, avec le
secours de nouvelles recherches faites sur
les lieux, de rendre son Eloge plus intéres-
sant qu'il ne semblait l'être d'abord. Si mon
travail peut aider à ces recherches, il aura
du moins l'avantage d'avoir contribué à dévoiler toute l'importance et l'utilité que l'on
devait trouver dans l'Eloge de *Guttenberg*.

ÉLOGE

HISTORIQUE

DE JEAN GENSFLEISCH

DIT

GUTTENBERG.

PREMIÈRE PARTIE.

Ce fut une idée grande et libérale d'inviter les gens de lettres à s'occuper de l'éloge de *Jean* Gensfleisch dit Guttenberg, premier inventeur *de l'art d'imprimer les livres*, dans un moment où cet art a fait les plus grands progrès (1), où

---

(1) On en a pu juger par les belles éditions de MM. *Guérin* et *de la Tour*, *Baskerville*, *Bodoni*, *Didot* pères et fils, *Causse* de Dijon. *Rolland* et *Jacob* de Strasbourg, et de quelques nouveaux artistes anglais dont le nom échappe à ma mémoire.

I

son. utilité , son excellence , sa perfection bien
reconnues, ne laissent plus de doute sur l'immor-
telle reconnaissance qui est due par tous les amis
des sciences et des lettres à son illustre inventeur. Il ne convenait à aucun corps littéraire plus
qu'à la Société académique des arts et des sciences
de MAYENCE, patrie de ce grand homme, de le
proposer.

Oui, votre appel aux amis de la typographie,
aux littérateurs reconnaissans sera entendu : on
s'empressera d'y répondre de toutes les contrées de
l'Europe. Les premiers monumens de l'art seront
recherchés avec empressement, pour être de nouveau examinés avec toute la sagacité qu'exige une
discussion profonde. Les archives de Mayence et
des villes circonvoisines, celles des riches abbayes
de leur ressort, seront compulsées avec soin. L'œil
clairvoyant des bibliographes et des historiens y
découvrira peut-être des pièces inconnues jusqu'à
ce moment, des éclaircissemens propres à dévoiler les origines obscures d'un art important, et
d'une utilité consacrée par trois siècles et demi
d'épreuves, de progrès et de jouissances.

Je vais payer à l'homme rare qui l'inventa, mon
tribut particulier, avec d'autant plus de satisfac-
tion, que la littérature et les livres ont fait la plus
douce occupation de ma vie, ont influé sur mon

aisance, et me tiendront, je le crois, fidèle com-
pagnie dans la carrière qui me reste à parcourir.
Heureux si ce monument de ma gratitude paraît
aux illustres Académiciens de Mayence digne de
l'objet qu'ils ont voulu célébrer!

· La parole est un présent que l'homme a reçu
de son créateur, qui joignit à ce bienfait le sentiment, la réflexion et la pensée, sans lesquelles
toute parole serait un vain son, presque aussi inutile à nos besoins multipliés, qu'elle nous est devenue nécessaire par ces accessoires importans. Si
l'on demandait quel est le premier lien de toute
société humaine, n'aurait-on pas raison de répondre que c'est la parole, et que sans elle toute
société est impossible à l'homme? Que de tems
néanmoins il employa pour adapter cet utile ins-
trument de son existence sociale à ses propres
besoins, et à ses relations avec ses semblables !
Que d'idées confuses il lui a fallu débrouiller,
analyser et classer, pour fixer des règles à son
langage, pour créer la grammaire, la syntaxe et
la prosodie de ce langage; pour deviner et perfectionner ensuite l'art non moins difficile de parler
aux assemblées publiques, d'amener peu à peu ses
amis, ses concitoyens à son propre sentiment, en
les obligeant en quelque sorte de renoncer à celui
qui leur était particulier ! Eh bien ! après tant

d'efforts d'imagination, après tant de combinai-
sons plus ou moins ingénieuses, ou profondes,
ou sublimes, l'homme social restait encore dénué
de secours importans pour assurer les bases de la
société. Obligé de tout confier à sa mémoire, à
celle de ses descendans de génération en génération, que d'événemens ont pu altérer et presque
anéantir successivement le souvenir de ses actions,
de ses travaux, les règles ou la pratique de ses
découvertes dans les arts ou les sciences! et qu'il
y avait loin encore de l'art d'exprimer sa pensée,

A cet art ingénieux
De peindre la parole et de parler aux yeux, (1)

qui nous a transmis plus fidèlement ensuite, tout
ce que nos pères ont fait de grand, de sublime,
d'utile et d'important depuis les siècles les plus
reculés de la société civile, et qui chaque jour
nous apprend ce qui se passe dans toutes les parties du monde habité !

L'art de l'écriture, fruit de méditations plus
tardives, mais longues et profondes, encore inconnu de plusieurs nations, autrefois si difficile
pour celles qui l'inventèrent (2), et maintenant si

---

(1) *Brébeuf*, traduction de la *Pharsale de Lucain.*

(2) « *Primus hebræas* Moyses *exaravit litteras.*
   » *Mente* Phœnices *sagaci condiderunt litteras.*
   » *Quas latini scriptitamus edidit* Nicostrata.

aisé dans la pratique, depuis qu'il est réduit à quelques élémens très-simples, est et sera toujours pour les nations civilisées l'un des plus forts liens de leur société. Il est devenu la base de toutes les transactions ; seul il engage l'honneur et la conscience de l'homme, le force de tenir à ses promesses, aux engagemens qu'il a tracés de sa main et revêtus de sa signature. Pour peu qu'il s'en écarte, il est couvert de honte et de mépris. Avant que d'arriver à ce point d'utilité morale et politique, l'art de l'écriture a traversé mille périodes d'ignorance et de lumières, qui tantôt en ont presque anéanti l'usage, et tantôt l'ont enrichi de nouvelles perfections. Depuis long-tems il avait été destiné à transmettre d'âge en âge les productions de l'esprit humain, souvent il ne suffisait plus aux créations de celui-ci, et rarement il multiplia les bons écrits de manière à les sauver de la destruction. Que de pertes il nous laisse encore à déplorer, que d'inventions utiles, que d'ouvrages

---

» Abraham *syras et idem repperit chaldaïcas.*
» Isis *arte non minore protulit ægyptias.*
» Gulphilas (*pro* Ulphilas) *prompsit Getarum quas habemus ultimas.*

Ces vers trochaïques sont empruntés d'un auteur du V⁰ siècle, nommé *Julien*, et nous ont été transmis par M. *Catherinot*, de Bourges, dans son *Art d'imprimer.*

éxcellens ne sont pas venus jusqu'à nous, parce
que la main de l'homme ne fut pas assez puissante
pour les garantir de la faux du tems! Cependant
on avait trouvé depuis des siècles (1) le secret
renouvelé de nos jours, de ravir à l'orateur le dis-
cours échappé de ses lèvres, et de le transcrire
aussi rapidement qu'il était prononcé. On n'ima-
ginait pas qu'il pût exister un art supérieur encore
à celui-ci, un art qui dût intéresser la société par
ses travaux incalculables et ses produits immenses,
par la beauté de ses formes, la rapidité de son
exécution, en un mot par une utilité sans cesse
rénaissante, et telle, que dans un court espace
de tems, le savant puisse correspondre avec tous
les savans du monde, le potentat parvienne à noti-
fier à-la-fois ses ordres à tous ses sujets, et ses
désirs à tous les monarques voisins de son empire
au moyen des gazettes et des journaux, des mani-
festes, des édits, lettres patentes et circulaires.

Tel fut cependant le bienfait de l'art nouveau
dont JEAN GENSFLEISCH, dit GUTTENBERG,

(1) Les notes de *Tiron* ont échappé aux ravages des tems et nous
ont été conservées. Il en existe une édition particulière sous ce titre :
« *Alphabetum Tironianum, seu notas Tironis explicandi methodus,*
» *cum pluribus* Ludovici Pii Chartis, *etc. edente* D. Petro Carpentier.
» *Parisiis,* 1747, *in-fol.* » Nous avons maintenant en France de très-
habiles tachygraphes.

ou GUDENBERG, gratifia l'Europe, ou pour mieux dire le monde entier, vers le milieu du quinzième siècle.

« *Imprimit ille die quantum vix scribitur anno.*
» *Ingenio haud noceat, omnia vincit homo.* » (1)

L'art de L'IMPRIMERIE dont je veux parler, est d'une origine bien récente, comparativement aux arts de parler et d'écrire; mais si le mystère qui enveloppa sa naissance, a semblé soustraire pendant quelques années son inventeur à la reconnaissance de la postérité, celle-ci néanmoins sentit bientôt les grands avantages qui résultèrent pour elle de cette grande découverte, la plaça au rang des plus brillantes, des plus utiles, et voulut que *Guttenberg* parût au nombre des bienfaiteurs de la société. En effet l'imprimerie fixa l'existence des arts et des sciences, constata journellement leurs progrès, prépara de nouvelles découvertes, propagea celles dont on jouissait, les porta depuis les zônes brûlantes jusqu'aux poles glacés, et dans les pays les plus rebelles à l'instruction. Celle-ci,

---

(1) Vers de *Jean-Antoine Campanus*, évêque de Téramo, dans l'Abruzze, correcteur de l'imprimerie d'*Ulric Han*, ou *Gallus* à Rome; placés à la suite de *Ciceronis orationes Philippicæ; Romæ*, 1470, *in-fol.* Réimprimés dans le Recueil des Poésies de cet évêque, édition de *Leipsick*, 1707, in-8°, liv. 8, n° 43, p. 211.

circonscrite autrefois dans les monarchies prédomi-
nantes, fut permise seulement à quelques hommes
privilégiés, destinés aux grandes places, ou dont
la richesse favorisait le désir d'apprendre. On ne
rencontre chez les nations les plus marquantes de
l'antiquité, que quelques siècles amis des Muses,
et quelques hommes célèbres par leurs grandes
connaissances. Ces hommes étaient presque tous
nés dans les castes les plus distinguées de chaque
nation; maintenant l'homme du peuple peut s'ins-
truire aussi aisément que l'homme riche, et à
moins de frais :

« *Nunc parvo doctus quilibet esse potest*
» *Te duce, quando ars hœc mira reperta fuit.* (1)

Et comme la nature a distribué sur la terre avec
parcimonie les hommes à grands talens, il est
certain que trouvant dans les livres multipliés par
l'imprimerie plus de ressources qu'autrefois pour les
développer, sur dix personnes créées avec du génie,
il en périt à peine une à présent sans moyen de se
faire connaître, tandis qu'autrefois, sur dix hommes
de ce genre, à peine y en avait-il un qui pût s'élever au-dessus des autres. Aussi depuis l'origine de
l'imprimerie l'instruction s'est-elle répandue avec

---

(1) *Trithemii annales Hirsaugienses*, sub anno 1450.

une telle rapidité, qu'il n'existe dans la mémoire des hommes, et dans l'histoire écrite, aucun tems que l'on puisse comparer aux quatre derniers siècles sur ce point. J'affirmerais même, sans crainte de me tromper, que les seuls Européens ont produit depuis quatre siècles plus d'écrits utiles et précieux, que le monde entier n'en produisit depuis sa civilisation jusqu'à l'an 1450. (1)

Peut-être on s'élèvera contre cette assertion d'une vérité palpable, et l'on demandera pourquoi les grands hommes des siècles modernes paraissent si petits en comparaison de ceux de l'antiquité? Sans vouloir renouveler la querelle relative à la prééminence des anciens sur les modernes, ou de ceux-ci sur les anciens, il est facile de se convaincre qu'un homme de génie est bien plus remarquable dans un siècle ou chez une nation qui lui opposent peu de rivaux, qu'il ne le serait dans un pays ou dans un siècle plus féconds en personnages de la même force. Que serait Achille au

---

(1) Il faut convenir néanmoins que la destruction de l'Empire d'Orient et la prise de Constantinople, coïncidant pour ainsi dire avec l'invention de la typograghie, jetèrent dans l'Italie des savans de tous genres, qui, charmés de l'art nouveau, s'en servirent pour propager la connaissance des langues grecque et latine, et multiplier les bons manuscrits qu'ils apportèrent avec eux, seules richesses inappréciables qu'ils sauvèrent du pillage des barbares musulmans.

milieu d'un peuple de guerriers aussi vaillans que
lui? *Aristote*, vivant dans le siècle de *Louis XIV*,
eût été sans doute un grand homme au milieu de
beaucoup d'autres grands hommes; tandis qu'à la
cour d'*Alexandre*, *Aristote* fut l'homme unique,
l'homme rare, et enfin un savant incomparable.

Avouons de bonne foi qu'il vaut mieux vivre
dans un pays peuplé d'hommes instruits, que
parmi des nations ignorantes ou barbares; et que
si l'instruction peut et doit contribuer à rendre les
hommes plus sociables, aucun art n'est parvenu
comme celui de l'imprimerie à répandre et à fixer
en peu de tems l'instruction dans toutes les classes
de la société. Ce bienfait de cet art méritait donc
d'être rappelé; et si j'en parle ici, c'est que l'occasion de lui rendre un juste hommage ne peut être
plus favorable.

› *O felix nostris memoranda impressio sœclis !*
› *Desierat quasi totum quod fundis in orbem.*
› *Omnes te summis igitur nunc laudibus ornant.* (1)

Il n'y eut donc que la classe nombreuse des écrivains, des copistes, des rubriqueurs, etc. qui pût
gémir un instant d'une découverte qui brisa presque
leurs plumes et leurs pinceaux; mais pour ce tort

(1) *Trithemius in annalibus Hirsaugiensibus*, t. II, p. 241, sur
l'an 1450.

d'un moment, l'art typographique rendit mille services à la société, et notamment celui de forcer ces mêmes hommes à s'élever à de plus hautes pensées, à perfectionner des talens enfouis dans les bureaux innombrables des grandes cités, des chancelleries, des universités et des cloîtres. Quelques-uns même quittèrent alors la plume pour le composteur; témoin *Pierre Schoyffer*, *Mentel*, *Ulric Zell*, *Eggestein*, et mille autres qui trouvèrent bientôt dans l'exercice de la typographie des ressources plus assurées et plus promptes pour exister que dans l'art de l'écriture.

On conçoit difficilement que le procédé d'imprimer les livres, au lieu de les copier à la main, ait pu échapper pendant si long-tems aux peuples anciens les plus civilisés, à des hommes fins et subtils dans leurs actions comme dans leurs écrits; aux Grecs et aux Romains en un mot, dont on ne peut contester ni le génie, ni les talens dans tous les genres, et qui ont joui souvent des bienfaits de la paix sous des magistrats et des monarques amis des arts et des découvertes utiles. Certes ils ont eu parfois des idées analogues à cet art, et rien n'en approche davantage que cette pensée ironique de *Cicéron* (1), qui lui vint à l'occasion de la

(1) Au livre IIe *de Natura Deorum*, chap. 3.

doctrine du concours fortuit des atômes , enseignée par *Epicure.* « Pourquoi, dit l'orateur romain, ne
» prétend-il pas de même, que si l'on fabriquait
» un nombre considérable de chacune des lettres
» de l'alphabet, soit en or, soit de toute autre
» matière, et qu'ensuite on les jetât en l'air, ces
» mêmes lettres, en retombant à terre, pourraient
» offrir aussitôt à la lecture les Annales d'*Ennius ?* »
Saint *Jérôme* ne nous donne-t-il pas aussi l'idée des lettres mobiles, lorsqu'il écrivait à *Lœta :*
« Qu'on fasse des lettres de bois ou d'ivoire, qu'on
» les donne aux enfans pour jouer, afin que ce jeu
» puisse leur servir d'enseignement » (1). On cite une ruse d'*Agésilas*, roi de Sparte (2), qui, pour encourager ses soldats à combattre plus vaillamment, traça à rebours sur sa main gauche le mot νίκη (*victoire*), l'imprima avec adresse sur le foie de l'animal qu'il offrait en sacrifice, et montra ce prodige à son armée en l'exhortant à lui donner la victoire qui lui était promise par les Dieux.

« Toutes les fois, dit M. *Schoepflin* (3), que
» j'entre dans mon cabinet d'antiquités, et que
» j'examine les sceaux des Romains dont les lettres

---

(1) Fournier , *Dissertation première sur l'imprimerie ,* page 11.

(2) Plutarque , *Vie d'Agésilas.*

(3) *Vindiciæ typographicæ* , pages 4 et 5.

» sont gravées en relief et à rebours, celles qui se
» voient sur leurs vases, je rencontre presque par-
» tout l'appareil de la typographie, à laquelle il
» ne manque que des lettres mobiles; et si quelque
» artiste romain s'était avisé de fabriquer divers
» alphabets de lettres isolées, ce 'qui n'était pas
» fort difficile, l'ancienne Rome eût été l'inven-
» trice de cet art, dont elle possédait déjà cer-
» taines parties; savoir, la proéminence de l'œil de
» la lettre, et le renversement des types. Les
» Romains n'aperçurent pas ce qu'il y fallait ajou-
» ter, c'est-à-dire la mobilité des lettres. Et dans
» le tems de mes voyages, quand je vis cette loi
» royale par laquelle le sénat et le peuple romain
» offrirent à *Vespasien* l'Empire; ces Tables, sur
» lesquelles est gravé le Décret relatif à la liberté
» des Lyonnais; la Table d'*Eugubio*, les com-
» missions des soldats gravées sur l'airain, par
» pages, en forme de livres, comme aussi les dyp-
» tiques d'ivoire qu'on me présenta à Rome, à
» Vérone, à Lyon, à Compiègne, à Paris, à Be-
» sançon; je disais souvent en moi-même, qu'il
» était aisé de graver ces lettres à part, de face ou
» à rebours. Les anciens furent à la veille d'inven-
» ter un art que les Allemands, conduits peu à peu
» par l'expérience, parvinrent enfin à découvrir. »
Mais dans cette Allemagne industrieuse, on

avança bien plus près encore vers l'idée de la typographie en lettres mobiles, sans adopter le moyen extraordinaire qui s'offrait à la pensée; tant il est vrai que l'esprit humain marchant parfois à pas de géant dans certaines carrières qu'il sut ouvrir à propos, n'arrive au contraire qu'à pas lents à des découvertes qui semblaient très-faciles à saisir! Les savans ont entendu parler d'un superbe manuscrit appelé l'*Évangile d'Ulphilas*, évêque des Goths, exécuté dans le quatrième siècle en beaux caractères gothiques d'or et d'argent, sur un vélin de couleur pourpre (1). Ce manuscrit, chef-d'œuvre de patience, et d'un art qui semble oublié de nos jours, paraît avoir été fait avec des types isolés ou mobiles de métal, d'une égale grosseur, et imprimé lettre à lettre par l'action d'une chaleur modérée, et avec un procédé presque semblable à celui qu'emploient encore les relieurs pour fixer en lettres d'or, sur le dos des livres, leurs titres et le tome. Quand un homme a exécuté avec peine deux pages d'un semblable manuscrit, il faut qu'il

---

(1) M. *Ihre* l'a décrit soigneusement dans une dissertation intitulée, *Ulphilas illustratus; Holmiæ,* 1752 et 1755, deux parties in-4° ou in-8°. Au sacre de l'Empereur d'Allemagne, le serment qu'il doit prononcer se fait sur un livre de même genre. *Voyage au Nord par M. Coxe;* Genève, 1787, in-8°, t. III, p. 262, et dans la Note de M. *Mallet* sur cet endroit.

ait bien peu d'imagination, pour ne pas chercher
un moyen plus simple d'arriver promptement à la
fin de sa tâche; et lorsqu'on s'aperçoit qu'il a été
achevé plusieurs livres par un procédé aussi lent
et aussi coûteux (1), on peut s'écrier avec sur-
prise : comment, avec des lettres mobiles dans la
main, un artiste, ou plutôt un artisan, n'a-t-il
point inventé l'art d'imprimer? Ah! s'il faut gémir
de n'avoir pas vu naître dix siècles plus tôt un art
qui nous aurait conservé un nombre infini d'ouvrages précieux des anciens qui n'ont pu échapper
à la rouille des tems et à la voracité des siècles,
ou qui ne sont parvenus jusqu'à nous que mutilés
ou incomplets; consolons-nous du moins par l'idée
que les anciens ont laissé aux modernes tout l'honneur d'une aussi brillante découverte.

La gloire t'en était réservée, ô bon *Guttenberg!*
mais ce ne fut pas pour toi l'ouvrage d'un jour,
d'un mois, d'une année.

---

(1) M. *Fournier* le jeune, pages 103 et suiv. de son *Traité de*
l'origine et des productions de l'imprimerie primitive en taille de bois,
indique plusieurs manuscrits du même genre; et M. *Méerman* annonce aussi un manuscrit semblable, découvert dans une bibliothèque d'Allemagne : *Origines typogr.*, t. I, pages 4 et 5. Je puis
citer le suivant d'après M. *Bréitinger* de Zuric : *De antiquissimo*
Turicensis Bibliothecæ Græco Psalmorum libro, in membrana purpu-
rea, titulis aureis ac litteris argenteis exarato, epistolæ Jo. Jac.
Breitingeri; *Turici*, 1748, in-4°, *fig.*

« Res operosa quidem est, blandis sed grata Camœnis. » (1)

L'idée première une fois déposée dans ton sein, y séjourna long-tems avant que d'éclore. Tu tourmentas ton génie avant que de la mettre à exécution ; mais enfin tu devinas la possibilité de réussir, et dès-lors tu ne quittas plus l'ouvrage. Ton esprit, à la fois inventif et patient, te suggéra successivement plusieurs moyens ; tu les essayas tous, et souvent sans succès ; mais ni la perte d'un tems précieux, ni l'épuisement d'un patrimoine nécessaire à ton existence, au soutien de ta famille, n'ont pu te détourner d'une entreprise aussi louable. La réussite n'en est due qu'à cette persévérance miraculeuse qui ne se rebute pas des revers, qui se nourrit, au contraire, et s'enflamme des petits avantages obtenus peu à peu et par une expérience coûteuse qui rend plus adroit et plus habile dans le choix des moyens d'arriver au but. Déjà des méthodes triviales ne pouvaient plus te contenter ; le travail et la réflexion t'avaient promis des procédés plus ingénieux, plus extraordinaires, dont la simplicité fut le premier mérite, et dont la perfection devint bientôt incalculable. Que de difficultés vaincues ! que d'obstacles surmontés pour

---

(1) *Bergellani Encomium chalcographiæ* ; *versus* 165.

deviner la pratique d'un art nouveau, qui ne se compose pas d'une seule découverte, mais de cent autres aussi ingénieuses qu'indispensables, et sans lesquelles on ne peut avancer un pas!

« *Nam perit ars, hujus partem si dempseris unam.* » (1)

Artiste infortuné! tout était nouveau pour toi dans ce travail herculéen. Il te fallut lutter contre l'ignorance et la maladresse, contre la jalousie, l'avidité, la mauvaise foi, contre les préjugés de ton siècle, contre toi-même enfin; car l'infortune et la misère te poursuivirent lorsque ton patrimoine fut épuisé; et le dernier de tes maux, le plus déplorable aussi, fut d'être dépouillé, à l'instant d'en jouir, de l'atelier que tu finissais de créer. La gloire et l'immortalité t'ont coûté bien cher, et tu as le droit d'en jouir plus que personne, puisque l'art dont tu es le père vaut à lui seul les cent voix de la renommée. Déjà depuis trois siècles et demi il a publié ton triomphe dans tous les coins de cet Univers, et souvent encore il redira à nos descendans : *c'est* Guttenberg *qui le premier tenta d'imprimer les livres, et y réussit.* Tes malheurs, n'en doutons pas, furent promptement oubliés, en voyant, avant que de mourir, ton art

(1) C. L. Thiboust, *de Typographia Carmen.*

accueilli et propagé en Europe, et les compagnons de tes travaux jouir d'une grande aisance, acquise par l'exercice d'un talent qu'ils apprirent de toi. Témoin peu fortuné de leurs jouissances, tu as pu dire, comme tant d'autres, au sein du repos qui te fut procuré par un protecteur puissant :

« *Sic vos non vobis mellificatis apes,* etc. »

Mais il convient d'exposer avec plus de détail ce que je viens d'esquisser ici, et l'histoire de *Guttenberg* étant une partie nécessaire de son éloge, fera connaître beaucoup mieux ses travaux, son intelligence, et le courage qu'il a déployé pour terminer la découverte difficile qui l'occupa pendant une longue moitié de sa vie. (1)

_____

(1) De 1434 à 1467.

SECONDE PARTIE.

Jean Gensfleisch, dit *Guttenberg* ou *Guden-berg*, naquit à Mayence et non pas à Strasbourg, comme l'ont écrit différens auteurs qu'il importe fort peu de nommer. On peut placer sa naissance vers la fin du quatorzième siècle, ou au commencement du quinzième; et l'on assure qu'il était d'une famille noble (1), mais nombreuse, qui, par cette raison, se divisait en plusieurs branches, lesquelles ont porté les surnoms de *Zur-Laden, Gutenberg* et *Sorgenloh.* Je ne chercherai point à donner la généalogie de notre *Guttenberg*, quoique cela ne puisse nuire à sa gloire; mais ce serait risquer de commettre des erreurs fort inutiles au sujet que je traite; et il vaut mieux renvoyer à cet égard à l'ouvrage allemand de M. *Koëler* (2), qui a travaillé sur cet objet d'une manière toute particulière. Il suffit de dire ici, d'après lui, que notre artiste était fils de *Frielius*

---

(1) C'est ce que confirme une Charte d'*Adolphe*, électeur de Mayence, qui, dans l'année 1465, lui donna un emploi dans sa maison, et l'admit au rang des nobles.

(2) *Gutenbergs Ehrenrettung;* Leipsick, 1741, in-8° ou in-4°.

ou *Jean Frielius Gensfleisch*, et *d'Elizabeth Wyrichin Zum Gudenberg*, mariée en 1386 audit *Frielius*. (1)

Jean était-il le seul enfant mâle de celui-ci ? c'est une grande question parmi quelques savans. L'un d'eux, M. *de Méerman* (2), ayant vu dans un acte de l'an 1434 (3), que notre *Jean Gensfleisch* est surnommé *Junior*, en a inféré qu'il y avait eu un *Jean Gensfleisch Senior*, noble, mais pauvre, à qui il prête tout ce qui convenait à son

---

(1) Mais on verra tout-à-l'heure que *Koëler* a pu se tromper, que le père de notre inventeur s'appelait *Jean Gensfleisch* comme lui. M. *Oberlin* rapporte même, d'après *Bodman*, que le *Frielius* de *Koëler*, et *Jean*, père de notre *Guttenberg*, avaient des armoiries différentes.

(2) *Origines typogr.*, t. I, chap. 4, 7, etc.

(3) C'est celui rapporté par M. *Schoepflin* sous le N° 1er des documens imprimés à la suite des *Vindiciæ Typographicæ*; Argentor., 1760; in-4°. M. *Fischer* parle d'une lettre écrite de Strasbourg en 1424, sous le nom de *Henne* ou *Hans* (*Jean*) *Genssefleich de Sulgeloch* à sa sœur *Berthe*, religieuse à Mayence; ce qui prouve que dès 1424 notre *Guttenberg* habitait Strasbourg, et qu'il avait une sœur. On trouve aussi qu'il avait un frère nommé *Frielius* comme son père, dans un acte de l'an 1459, où ces deux frères renoncent en faveur du couvent de Sainte-Claire de Mayence aux biens donnés à ce couvent par *Hebèle* ou *Berthe* leur sœur. Et comme il est dit dans cet acte que *Guttenberg* se proposait de donner au même couvent les livres déjà imprimés par lui en 1459 et ceux qu'il imprimera dans la suite, on ne peut pas douter de l'idendité du personnage. On doit regretter que la liste de ces livres n'ait pas été consignée dans cet acte.

système, tout ce qu'il ne voulait pas accorder au *Junior*. Il a fait de ce *Gensfleisch Senior* un domestique de *Laurent Coster* de Harlem, un des inventeurs de la typographie, un aveugle, un larron, etc. etc., sans prendre garde qu'un noble allemand se fait plutôt soldat que laquais; qu'un aîné de famille est moins pauvre que le cadet, à qui l'on a connu du patrimoine; que rarement deux frères ont le même prénom; qu'un aveugle est peu propre à jouer le rôle d'inventeur dans les arts; et qu'enfin on ne vole pas aussi aisément un atelier typographique qu'une caisse de banquier. Il n'a pas vu non plus que les auteurs les plus exacts ne reconnaissent qu'un seul *Jean Gens-fleisch* pour inventeur de l'art d'imprimer les livres. Cependant il devient évident par deux actes découverts depuis peu, et publiés en français par M. *Oberlin* (1), que notre *Jean Guttenberg* avait une sœur nommée *Berthe* ou *Hebele*, qui fut religieuse dans le couvent de S^{te}.-Claire de Mayence,

---

(1) *Essai d'annales de la vie de* Jean Guttenberg; Strasbourg, an IX, in-8°, p. 3 à 6. Le premier est une lettre de *J. Guttenberg* à sa sœur *Berthe* ou *Hebele*, religieuse à Sainte-Claire de Mayence, datée du 24 mars 1424; et le second est une ratification faite par notre inventeur, par *Frielius* son frère, et encore par trois de ses cousins, nommés dans cet acte *Jean*, et *Friele* et *Pédirmann Gens-fleisch* de Mayence, de tous les dons faits par *Hebele* sa sœur au

et pouvait être morte en 1459; qu'en outre il lui restait, en cette année 1459, un frère plus jeune que lui et nommé *Friele;* qu'ils avaient hérité d'un autre frère nommé *Conrad ,* mort avant le 24 mars 1424; que leur père commun s'appelait *Henne* ou *Jean Gensfleisch* comme notre inventeur, ou peut-être *Jean Friele,* ainsi que je l'ai dit plus haut; et qu'enfin son père avait un frère qui procréa trois enfans mâles, nommés, le premier *Jean,* le second *Friele,* et le troisième *Pédirmann Gensfleisch,* tous existans en 1459; ce qui dérange toutes les assertions et les conjectures avancées jusqu'à ce jour par les savans qui ont parlé de cette famille, et en ont éclairci tant soit peu la descendance. Passons donc légèrement sur ces épines généalogiques, et marchons droit au but que nous nous sommes proposé.

Il faut que *Guttenberg* ait eu peu de fortune, ou que son goût l'éloignant des magistratures, assez communes dans sa famille (1), l'ait entraîné

---

couvent de Sainte-Claire de la même ville. Cet acte est daté du jour de Sainte-Marguerite (ou 20 juillet) de l'an 1459. Celui-ci a été publié en allemand par M. *Fischer,* à Mayence, en 1800, dans un Traité qui a pour titre : *Beschreibung einiger Typographischen seltenheiten* , etc. , in-8°.

(1) *Friélius Gensfleisch* , son bisaïeul, fut conseiller à Mayence; et *Jean Rither*, dit *Leheymer*, son oncle, en était juge séculier.

vers le commerce et les arts. On ne sait pas positivement à quoi il employa sa jeunesse ; et si l'on commence à entendre parler de lui, c'est au moment où il avait quitté sa patrie pour se livrer au goût qui le dominait. Son père était mort en 1430, et déjà *Guttenberg* n'était plus à Mayence ; ce qu'on apprend par un diplôme allemand de *Conrad III,* archevêque de cette ville (1). Mais on le trouve en 1424, et mieux encore en 1434 à Strasbourg, où, mécontent de ce que les officiers municipaux de Mayence ne lui faisaient pas payer une portion de rente et de cens montant alors à 310 florins du Rhin qu'ils lui devaient, il se permit de faire mettre en prison un nommé *Nicolas,* scribe ou secrétaire de cette ville, jusqu'à ce que cette somme lui eût été comptée. Cette affaire fut arrangée devant le magistrat suprême et le sénat de Strasbourg, et *Guttenberg* consentit enfin, par un acte public qui a été conservé (2), à remettre en liberté le pauvre *Nicolas,* et à l'exempter de

(1) Il est rapporté dans le tome IIIe, p. 460 et suiv. de *G. Chr. Joannis Script. rerum Mogunt.,* et plus exactement dans l'ouvrage de M. *Koëler,* p. 67 et suiv. Voyez aussi la lettre de *Guttenberg* à *Berthe* sa sœur, datée de Strasbourg en 1424.

(2) *Voyez* le N° 1 des Documens produits par M. *Schoepflin. Guttenberg* n'y prend aucune qualité ; mais on voit bien par les droits et priviléges stipulés dans son titre, qu'il pouvait être de caste noble.

toutes les conditions qu'il lui avait imposées auparavant. Cette difficulté avec ses compatriotes ne montrait pas le désir de retourner de sitôt à Mayence; aussi demeura-t-il long-tems encore à Strasbourg, où, dans l'année 1437, on le voit de nouveau en procès devant le juge ecclésiastique, au sujet d'une promesse de mariage avec une demoiselle nommée *Anne*, de la famille noble *Iselin Thüre*. Il est probable que pour terminer le différend, *Guttenberg* l'épousa; car, après qu'il eut quitté Strasbourg, on retrouve cette femme sur le registre des octrois, sous le nom d'*Anne Guttenberg*. C'est à-peu-près dans la même année 1437, que cet homme habile, tout en exerçant différens arts qu'il avait appris, et pour lesquels il avait formé des spéculations heureuses, travaillait en secret au mécanisme de l'art typographique. La mort de l'un de ses associés à ce travail, donna naissance à un procès entre les héritiers de celui-ci et *Guttenberg*. Il convient d'observer, que sans les actes qui furent consignés dans les registres des tribunaux de Strasbourg ou de Mayence à différentes époques, on ne connaîtrait peut-être pas encore, ni la véritable origine de l'art typographique, ni le nom du premier inventeur de cet art admirable; tant ses premiers associés de Strasbourg furent discrets, et ceux de Mayence devinrent

habiles à s'approprier la gloire de sa découverte.
Si par suite de la publicité du procès jugé à Strasbourg en 1439, le secret de l'inventeur avait dès-lors
été mis au jour; si le Sénat lui-même réfléchissant
sur cette société et sur la pratique de l'art nouveau
qui en était l'objet, avait pressenti quelle en serait
un jour l'utilité, sans doute il aurait pris à l'instant
les précautions convenables pour encourager les
inventeurs, et pour fixer dans Strasbourg même
l'exercice d'un si bel art : mais, d'une part, la
méfiance des concurrens; de l'autre, le désir de
profiter seuls des premiers bénéfices qui en résul-
teraient, contenant les inventeurs dans le silence,
ont nui long-tems à leur gloire, et retardé les progrès de leurs travaux; ce qui les priva des secours
qu'ils pouvaient obtenir de magistrats éclairés et
amis de l'instruction.

On aimerait à savoir ce qui put donner à *Guttenberg* la première idée des longs essais qu'il fit
de l'art typographique, depuis 1436 ou 1437, jusqu'en 1455. Son silence contrarie toutes les conjectures et les rend presque vaines. Il semblerait
néanmoins que l'usage des cartes à jouer, inven-
tées pour amuser le malheureux *Charles VI,* roi
de France, et dont la mode se propagea dans le
quatorzième et le quinzième siècles en Europe,
contribua pour quelque chose à faire naître cette

idée (1); et qu'en outre les productions de l'art
de graver en bois, jointes à des textes gravés de
même (2), ont, plus que toute autre chose, fourni
le moyen d'appliquer à l'écriture le procédé de
l'impression des images. Ce que les inventeurs ap-
préciaient le plus dans l'art nouveau, c'est, n'en
doutons pas, la presse, et les caractères mobiles
à volonté; mais si la presse fut employée par les
Imagers, ils ne firent point usage en ce moment
des caractères mobiles qui distinguèrent spécialement l'art d'imprimer les livres des autres arts qui
ont avec lui de l'affinité. Je suis donc loin d'adopter l'opinion de M. de *Méerman*, qui, fort des
narrations mensongères ou inexactes de quelques
écrivains anonymes, de *Specklinus*, ou de

---

(1) M. *Heineken* est de cet avis : *Idée d'une collection d'Estampes*,
pages 249 et suiv.

(2) Ces essais, d'abord très-informes, ont créé un petit commerce
d'images et de dominoteries religieuses qui a duré fort long-tems, et
qui existe encore dans les provinces. Mais malgré les conjectures de
MM. *de Meerman, Schelhorn, Fournier* le jeune, *Heineken* et autres,
il est encore douteux si la gravure en bois des textes qui accompagnent
ces images grossières, est antérieure à l'art d'imprimer les livres, ou
du même tems; et il est bien certain qu'il y a de ces textes qui réellement sont postérieurs à l'origine de l'imprimerie; témoin les trois
ouvrages allemands gravés par *Albert Pfister* en 1461 et 1462 à
Bamberg, petit *in-folio*, dont M. *Camus* a publié la notice en
l'an VII (1799), grand in-4°, avec fig.

R. Atkins (1), et soutenu par un préjugé favorable à sa patrie, veut que notre *Guttenberg* soit copiste plutôt qu'inventeur, et du même personnage en fait deux, dont le plus jeune, allant chaque année pour son commerce aux foires d'Aix-la-Chapelle, serait venu vers 1435 jusqu'à Harlem pour y visiter son frère aîné, disciple ou serviteur de *Laurent Coster*, qui, selon lui, fut le véritable inventeur de l'art d'imprimer avec des planches gravées en bois. C'est donc de ce prétendu *Jean Gensfleisch* l'aîné, que notre *Jean Gensfleisch* le jeune (2), dit *Guttenberg*, aurait appris quelques-uns des secrets de l'art nouveau qu'il essaya bientôt après de pratiquer avec utilité pour lui-même dans Strasbourg. J'ai déjà jeté quelques doutes sur la solidité des raisons alléguées par M. *de Méerman* en faveur de *Laurent Coster*, dont il n'existe aucun livre portant son nom comme artiste ou comme inventeur; et je ne puis croire qu'il ait prétendu sérieusement faire passer une *vraisemblance* (c'est

---

(1) *Origines Typogr.*, t. I, p. 90 et suiv. *Maittaire, annales typogr.*, 1719, in-4°, t. I, p. 1 à 34; ou l'*Hist. de l'Imprimerie*, par *Pr. Marchand*, 2e partie, p. 124 et suiv. — *Specklini chronicon Argentor. Mss.*

(2) On trouve réellement trois *Jean Gensfleisch* vivant presqu'en même tems, 1° *Jean* ou *Henne*, père de notre inventeur; 2° *Jean*, dit *Guttenberg*; 3° *Jean*, l'aîné de ses trois cousins germains. Ces deux-ci ont été contemporains, mais n'ont pas suivi la même carrière.

le terme qu'il emploie) utile aux prétentions de la ville de Harlem à la gloire d'avoir donné le jour à l'inventeur de l'imprimerie xylographique, pour *une vérité constante.* En effet n'est-il pas contre les règles de l'histoire, de préférer le témoignage d'auteurs modernes ou mal instruits, ou imbus de préjugés, à celui des écrivains qui méritent le plus de croyance par leur antiquité et leur véracité, puisque la plupart ont été en relation avec les artistes mêmes qui ont le plus contribué aux progrès de l'art dont il s'agit? Pourquoi donc envoyer notre *Guttenberg* à Harlem, lorsqu'il a tant d'affaires à Strasbourg? M. *de Méerman* n'a réellement pas vu que si cet artiste eut besoin d'emprunter, pour la réussite de son travail, quelques pratiques déjà usitées dans plusieurs arts existans, il ne fallait pas sortir de Strasbourg pour cela. Cette ville importante et populeuse depuis long-tems, nourrissait dans son sein des artistes de tous genres; il y trouva sans peine des orfèvres, des graveurs en bois pour fabriquer des caractères, des tourneurs et des charpentiers habiles pour établir sa presse. C'est ce que prouvent jusqu'à l'évidence les actes mêmes du procès (1) qu'il eut à soutenir

---

(1) *Voyez* ces actes parmi les Documens produits par M. *Schoep-flin*, Nᵒˢ 2, 3, 4.

en 1439, contre *George* et *Nicolas Dritzehen*, frères d'*André Dritzehen* défunt, qui, avec *André Heilman* et *Jean Riffe*, fut associé de notre *Jean Guttenberg*, non-seulement pour différens arts pratiqués par ce dernier, mais encore pour l'art très-nouveau d'imprimer les livres.

Cet *André Dritzehen*, cause du procès, et les hommes de sa société, étaient déjà initiés dans la pratique de plusieurs arts.

Jean Schultheiss, témoin, était un graveur en bois, et sa femme avait demeuré chez cet *André Dritzehen*.

Jean Dunne et *Jean Rosse* ou *Riffe* prennent au procès la qualité d'orfèvres.

Conrad Saspach, ouvrier en bois, fit la presse d'imprimerie déjà roulante dans la maison d'*André Dritzehen*. Et combien d'autres de ces témoins, sans qualités déclarées, exerçaient des professions mécaniques, ou vivaient du produit de différens commerces? On faisait aussi des cartes à jouer à Strasbourg dans le quinzième siècle (1), et dans plusieurs villes qui en sont plus voisines que Harlem. Il est à remarquer en outre que *Guttenberg*, au lieu d'être en domesticité chez les autres dans ce moment, et sur-tout chez *Laurent Coster*,

---

(1) *Vindiciæ typogr.*, p. 6.

avait lui-même alors un domestique nommé *Laurent*, et quelquefois *Laurent Beildeck;* qu'il en eut toujours depuis, et qu'ainsi l'on rencontre dans les pièces relatives au procès dont il s'agit, non-seulement tous les élémens qui pouvaient servir à son entreprise, mais encore le développement en quelque sorte de l'art lui-même; et de plus tous les principes des récits contradictoires qui ont eu lieu depuis sur son compte : ce qui doit mettre en garde contre la fidélité de ces récits, et nous attacher aux témoignages les plus anciens, les plus rapprochés de l'origine de l'art, et les plus dégagés de tous préjugés nationaux ou individuels.

En examinant les origines typographiques, on reconnaît *trois arts* bien distincts entre eux, nés peu à peu l'un de l'autre, et par un effet naturel de la réflexion, qui tend toujours à perfectionner ou à simplifier les procédés existans. Le *premier* serait la formation de ces livrets de grandeur *in-quarto* ou petit *in-folio*, exécutés en planches fixes de bois *par des graveurs*, qui ont joint à des images un texte explicatif, ou seulement des textes sans images (1), lesquels à mon idée seraient les premières productions de l'imprimerie naissante. Les

---

(1) Comme les petites grammaires de *Donat*, ou d'*Alexandre de Villadei.*

uns peuvent être antérieurs à l'art typographique proprement dit (1), d'autres sans doute lui sont contemporains et postérieurs. Il ne faut point s'aveugler sur ces productions : les graveurs avaient leur spéculation particulière de commerce, et les imprimeurs en conçurent une autre bien plus vaste. Tous ont marché vers la perfection presque en même tems, à l'aide et à l'envi l'un de l'autre; mais la gravure sur le cuivre d'une part, et de l'autre l'imprimerie en caractères mobiles, par leurs progrès rapides, ont fait un grand tort à la *xylographie* (2). Les graveurs en bois, très-multipliés dans le quinzième et le seizième siècles, sont maintenant beaucoup plus rares, parce que les graveurs sur le cuivre se sont introduits partout à leur place, et jusque dans les manufactures, où jadis les graveurs en bois étaient exclusivement employés pour l'impression des étoffes et des toiles.

Ce qui distingue le *second art* du *premier,* c'est le changement des lettres *fixes* en lettres *mobiles,* qui peuvent se combiner de toutes les manières, et s'appliquer successivement à toutes les entreprises comme à tous les travaux d'une imprimerie.

(1) En général, l'art de la gravure des lettres en bois et celui de l'imprimerie sont d'une origine peu distante.

(2) C'est le nom que les modernes ont fixé à l'imprimerie en planches de bois.

Ce procédé si simple, qui se prête aux plus vastes spéculations, fut une *idée mère* qui avait échappé à toute l'antiquité, et devint le germe de plusieurs autres ; c'est elle qui constitua la véritable typographie. On attribue cette idée à *Jean Gutten-berg*, qui, dit-on, en fit usage à Strasbourg, avant que de retourner à Mayence sa patrie, où il se livra à de plus grands travaux.

Il paraît que l'on a cru trouver la conviction que cet artiste avait inventé la mobilité des caractères bien long-tems avant la publication de la découverte de l'imprimerie, dans la déclaration faite au procès déjà mentionné, qu'il soutint contre *George* et *Nicolas Dritzehen*, par *Jean Schul-theiss*, et *Anne* son épouse, par *Conrad Saspach*, *Laurent Beildeck* et *Antoine Heilmann* (1), tous témoins audit procès ; lesquels disent avoir reçu de *Guttenberg* et d'*Antoine Heilmann* l'ordre de se rendre à la maison d'*André Dritzehen*, décédé, où était alors l'imprimerie, pour défendre de montrer la presse à qui que ce fût, pour faire enlever les pages ou les formes qui se trouvaient dans la partie inférieure de ladite presse, les briser et en placer les fractions soit dans la presse même, soit au-dessus, afin qu'on ne pût connaître ce qu'on faisait ; ce qui fut réellement exécuté.

(1) *Voyez* les Documens publiés par M. *Schoepflin*, N° 2.

Je suis l'ami de la vérité, et fort peu susceptible de préjugé sur des choses qui se sont passées
depuis si long-tems ; c'est pourquoi j'avoue de
bonne foi que je ne vois pas clairement dans les
dépositions de ces témoins, des *caractères mobiles*, soit *de bois*, soit *de métal* (1); mais j'y
trouve des *formes* ou *pages*, des *vis*, des *écrous*,
par conséquent un *châssis* quelconque, et enfin
la presse, ce qui est déjà beaucoup. C'est la raison qui me fait croire que la mobilité des caractères est d'une date plus récente. En effet *Jean
Schultheiss* et *Anne*, son épouse, affirment bien
qu'il y avait *quatre pages sous la presse*, et que
Laurent Beildeck vint de la part de *Guttenberg*
dire à *Nicolas Dritzehen de les ôter et de les
rompre*. *Conrad Saspach* témoigne précisément
la même chose; mais *Beildeck*, chargé de l'ordre
de *Guttenberg*, dépose, que cet ordre consistait
à ôter les pages de l'écrou, à rompre ces pages
en différentes parties, et à placer ces parties
dans la presse ou au-dessus. Cependant je
trouve dans la déposition d'*Antoine Heilmann* un

(1) M. *Fournier* le jeune, qui était à cet égard du même avis que
moi, a été réfuté par M. *Heineken*, sans que les raisons de celui-ci
ayent pu me persuader. M. *Fournier* a eu tort trop souvent, pour
qu'on ne lui passe pas une fois d'avoir eu raison.

passage que je copie (1), parce qu'il donne lieu à quelques réflexions : « *Idem testis* (Ant. Heil-
» mann) *insuper dixit, se probe scire, Gutten-*
» *berg paulo ante Nativitatis festum, famulum*
» *suum ad utrumque Andream misisse, ut om-*
» *nes formas peteret, quæ in conspectu ejus*
» *disjectæ, quod non nulla in illis* EMENDANDA
» *reperiret.* » D'abord il était possible de rompre ou de briser des pages fixes de bois, comme des pages de caractères mobiles en bois ou en métal. Les *rompre,* c'est les *décomposer;* s'il est vrai, comme le dit M. *Koch* (2), que le mot allemand que l'on a traduit par le mot français *séparer,* veut réellement dire *décomposer.* Mais M. *Schoëpflin,* qui savait aussi l'allemand, le rend toujours par le mot *disjungere, disjicere, rumpere,* ou par cette périphrase : *Paginæ dilabantur in par-*
tes, easque partes vel intra, vel supra prelum

---

(1) J'emprunte la traduction latine de ces Documens faite par M. *Schoëpflin,* parce que je suppose qu'il a sur-tout été exact dans ce qui concerne la prétention de Strasbourg.

(2) Dans son Précis sur l'invention de l'imprimerie , tiré du *Tableau des Révolutions;* en parlant de l'opinion de M. *Fournier* le jeune, qui croyait que *Guttenberg* n'a point travaillé en caractères mobiles à Strasbourg. Je ne vais pas si loin, mais je crois qu'en 1439, époque de ce procès, *Guttenberg* n'avait pas encore essayé les carac-tères mobiles.

poneret. (1). Rien donc ici n'a précisément rapport *aux caractères mobiles*, et tout se rapporte *aux pages*. Ces parties qu'il faut mettre au-dedans ou au-dessus, ne fixent aucunement l'idée sur des caractères mobiles; au contraire la déposition de *Heilmann*, qui avoue que *Beildeck* avait apporté *l'ordre de demander les formes ou pages*, *et les a fait briser et décomposer devant lui*, *parce que*, disait-il, *son maître y trouvait quelque chose à corriger*, ajoute aux doutes qu'on a droit d'élever sur le sens réel de ces passages des dépositions citées. Et dans le fait on pouvait bien placer les morceaux des planches fixes brisées, dedans ou dessus la presse; mais des caractères mobiles, *ce secret de l'inventeur*, devaient être mieux cachés aux yeux des curieux, et placés dans des boîtes fermantes, dans des sacs, des paniers, ou mieux encore dans des tiroirs et sous des clefs. Au lieu de cela, on donne indifféremment l'ordre de placer les *parties de ces pages décomposées*, ou dans la presse, ou au-dessus. La gravure en planches fixes étant connue, on ne risquait rien d'en laisser les fragmens à la vue; et dans ceci on n'avait d'autre but que de cacher le texte de l'ouvrage que l'on gravait en planches fixes. D'ailleurs on ne *décompose* pas les pages en caractères

---

(1) Déposition de *Laurent Beildeck*.

mobiles, *parce qu'il y a des erreurs*, puisqu'elles
sont, par le fait de la mobilité des types, très-faciles
à corriger; mais quand il y a des fautes dans un
texte gravé en planches fixes, il vaut mieux les
briser pour les graver correctement; et il fallait
que ces planches fussent bien vicieuses pour que
Guttenberg en fît aussi aisément le sacrifice. Je
crois donc bien sincèrement que la typographie
en caractères mobiles, n'est point énoncée dans le
procès dont il s'agit, et qu'on l'y voit *plutôt par
conjectures* qu'en réalité. Il est donc convenable
d'avouer qu'en 1436, jusqu'à la mort d'*André
Dritzehen* son associé, *Guttenberg* n'en était
encore qu'aux premiers essais typographiques, et
c'est déjà beaucoup d'avoir obtenu la preuve qu'en
cette année on pouvait imprimer en planches fixes
de bois. Laissons-le donc se lasser des moyens
triviaux pratiqués par les graveurs d'images, dont
il se servit avant que de se livrer à des tentatives
plus ingénieuses. Il a pu faire travailler les orfèvres et même acheter du plomb en certaine quantité, comme cela est consigné dans le procès, sans
que l'on puisse en conclure nécessairement qu'il
ait fait usage de caractères mobiles à cette époque,
ainsi que le soupçonne M. *Schoëpflin* (1), puis-

(1) *Vindiciæ Typogr.*, p. 23, n° 5.

qu'il est également démontré qu'alors *Gutten-berg* s'occupait d'autres arts que celui d'imprimer. Ainsi c'est encore là une conjecture plutôt qu'une vérité. Si d'ailleurs la typographie ne fut *perfectionnée* qu'à Mayence, dans la maison dite *Zumjungen* (1), louée par *Guttenberg* dès 1443 et 1445 (2); il faut bien que ces tentatives presque infructueuses à Strasbourg, ayent acquis quelque importance depuis, soit dans cette ville, soit dans son pays natal, par la découverte des caractères mobiles en bois ou en métal. Ce travail demanda de nouveaux efforts, des dépenses nouvelles. Il paraît que ses premiers associés n'eurent pas assez de fortune ou de crédit pour supporter le poids de l'entreprise qu'il s'agissait de terminer. On ignore même quel tems dura cette société après le jugement du procès dont nous venons de parler, si elle eut une ou deux années d'existence ou cinq, ce qui nous conduirait jusqu'au départ de *J. Guttenberg* pour Mayence. Mais soit qu'elle ait pris fin avant cette époque, soit qu'il fallût de nouveaux fonds pour suivre les travaux typographiques

---

(1) A Strasbourg, l'imprimerie de *Guttenberg* était dans la maison d'*André Dritzehen*, mais il demeurait dans un faubourg auprès de Saint-Arbogast.

(2) *Voyez* les actes cités dans *Méerman*, *Origines typogr.*, t. I, p. 166, note (bd), n°s 2 et 3.

entrepris avec *Jean Riffe* et *André Heilmann*, il est certain que notre *Guttenberg* reparaît dans un acte du mois de janvier 1441, comme débiteur d'une somme de cent livres, argent de Strasbourg, envers le chapitre de Saint-Thomas de cette ville; et qu'au mois de décembre 1442, il vendit au même chapitre ses revenus sur la ville de Mayence (1), déduction faite de l'argent qu'il avait reçu du même chapitre dans l'année précédente. Ainsi il se trouva dépouillé de son patrimoine par suite de ses tentatives pour créer l'art de l'imprimerie.

C'est à cette époque que je placerais volontiers la substitution des caractères mobiles en bois ou en métal, a l'impression en planches fixes; mais sur cela les preuves réelles me manquent, parce que *Guttenberg* faisait en secret ses tentatives, les cachait peut-être même à ses anciens associés (2), et qu'alors toute société avec eux était terminée. Il est certain que jusqu'à ce jour il n'a été trouvé

---

(1) *Voyez* les Documens recueillis par M. *Schœpflin*, nos 5, 6.

(2) Cette décomposition inutile des pages existantes chez *André Dritzehen*, ce séjour de *Guttenberg* dans un faubourg éloigné de ses associés, fait naître le soupçon qu'il voulait être libre de travailler isolément, et qu'il ne communiquait pas volontiers ce qu'il exécutait en particulier. Il est probable même que par la rupture des pages il leur ôta tout moyen d'aller plus loin dans une découverte qu'il voulait se réserver. Il n'y a donc que le besoin d'argent qui le força dans la suite de chercher à Mayence de nouveaux associés.

aucun monument typographique portant la date
de l'exécution et le nom de cet inventeur, et qu'en
outre, on n'a découvert aucun acte public qui ait
donné des éclaircissemens précis sur cette époque
de ses travaux. Néanmoins, si l'on voulait s'en rapporter à certains auteurs qui ont essayé de donner
à la ville de Strasbourg une part active dans la
découverte de l'art typographique (1), *Jean Mentel* ou *Mentelin* aurait aidé *Guttenberg* à confec-
tionner ses caractères mobiles en bois, et même
lui aurait conseillé de les fabriquer en métal.
M. *Schoëpflin* ne trouvant aucune preuve solide
de ces assertions, veut que ce soit *André Heilmann* (2), le dernier des associés de *Guttenberg*,
qui se soit lié d'intérêt avec *Mentel* et *Eggestein*,
pour continuer à Strasbourg, après le départ de
l'inventeur, ses expériences sur l'art d'imprimer
les livres.

Il me semble que ces conjectures ne sont aucunement d'accord avec les faits : d'une part tout
démontre que le secret de l'art est resté concentré
entre fort peu de monde; et si les premiers essais

---

(1) *Wimphelingius in Epitome rerum Germanicarum*, ch. 65. —
Hier. Gebwilerus Panegyris Carolina, p. 19. — *Fr. Irenicus Germa-
niæ Exegeseos libri XII.* — *Mauroboni Quadrio-critico-typografico*,
p. 39 et 40.

(2) *Vindiciæ typographicæ*, ch. IV, p. 37.

n'en furent pas heureux, ce que le procès jugé en
1439 nous indique assez, les premiers associés de
Guttenberg n'ont pas dû être curieux de continuer des expériences infructueuses : aussi nul
d'entr'eux ne paraît dans les rangs des premiers
imprimeurs après la publication de l'art (1). De
l'an 1447 à 1450, *Jean Mentel* prend encore le
titre de *scriba aurarius* (2), c'est-à-dire *écrivain-
doreur*, ou doreur pour les ornemens ajoutés aux
livres de prières qui portent des miniatures. On
ne trouve nulle part l'acte original par lequel
l'empereur *Frédéric III* lui accorda, dit-on, en
1466, le titre de *Premier Inventeur de l'Imprimerie*, avec un écusson et des armes (3). Cependant on y aurait vu en quelle année *Mentel* conçut
le projet d'imprimer, tandis qu'on ne connaît
aucun livre publié à Strasbourg avec date et le
nom de *Mentel* avant 1473; à la vérité on date de
l'an 1466 une *Bible latine, grand in-folio*,
qu'on dit être sortie de ses presses, et c'est sans

_____

(1) Un *Heilmann* fut à la vérité imprimeur à Paris vers 1490;
c'est-à-dire fort long-tems après la découverte de l'art. *Manuel typogr. de Fournier le jeune*, t. 2, p. 265, n° 7.

(2) *Documenta Schoepflini*, n° 8.

(3) Voyez *Origines Typogr. de Méerman*, t. I, ch. VIII, paragr.
12 et suiv. — T. II, p. 159. — *Mentelius de vera Typogr. origine*;
Paris. 1650, in-4°, p. 102 à 104.

doute la raison qui a fait dater de cette année le soi-disant écusson qui lui fut accordé par l'empereur *Frédéric III.*

M. de *Méerman* accuse avec assez de fondement *Jean Schott*, imprimeur à Strasbourg, petit-fils de *Mentel* par sa mère, d'en avoir imposé au public à ce sujet, par jalousie contre *Jean Schoyffer* de Mayence, qui obtint réellement de l'empereur *Maximilien Ier*, en 1518, un privilège et des armes, par considération pour *Pierre Schoyffer*, gendre de *Faust*, associé de *Guttenberg*, qui partagea en effet avec eux la gloire de l'invention de l'art d'imprimer (1). En outre *Henri Eggestein*, autre imprimeur à Strasbourg, semblerait encore avoir précédé *J. Mentel* dans l'exercice de cet art, puisqu'on trouve de lui une autre *Bible latine* réellement datée de l'an 68 ou 1468 à la fin du *Psautier*; et en 1471 *Gratiani Decretum*, en deux volumes grand *in-folio* (2).

(1) Cet acte a été obtenu fort adroitement, et par une suite de mensonges et d'impostures, imprimées par *Jean Schoyffer*, dans toutes les souscriptions des livres qu'il mit au jour depuis l'an 1507. Voyez ce privilège dans *Maittaire, Annales typogr.*, t. II, p. 333, note (*b*). — Et par extrait dans *Méerman, Origines typogr.*, t. II, p. 147.

(2) Cet *Henri Eggestein*, maître ès arts, attaché à la justice épiscopale en qualité de *Scelleur (Sigillator)*, était un fort habile écri-

Ces deux imprimeurs ne s'attachèrent à cette profession nouvelle, qu'après que le secret en eut été publié. Ils comprirent alors que celles d'écrivains, de rubriqueurs ou décorateurs de manuscrits, perdraient beaucoup de leurs profits habituels par l'exercice de l'art d'imprimer. Ainsi c'est depuis 1457 ou 1460 que l'on peut croire qu'ils ont appris l'art nouveau ; et comme les artistes n'en étaient pas encore très-multipliés, *Mentel* et *Eggestein,* imitant les inventeurs, convinrent entre eux de n'exercer l'art qu'en secret, pour vendre, s'il était possible encore, leurs livres imprimés pour manuscrits (1). Cet appât du gain fut sans doute un des motifs pour lesquels on se dispensa si souvent et si long-tems de mettre les dates, les noms de ville et d'imprimeur aux ouvrages multipliés par la typographie.

Il me paraît donc presque démontré que l'invention des caractères mobiles n'est pas aussi ancienne que MM. *Schoëpflin* et *Méerman* l'ont pensé. On a même contesté que l'on ait pu faire long-tems usage des caractères mobiles gravés en

---

vain, et devint un excellent imprimeur. Il employa la gravure en bois comme les caractères mobiles sculptés ou fondus.

(1) *Gebwilerus Panegyris Carolina*, folio 19, *primæ editionis ;* et *Schoepflini vindiciæ typogr.*, p. 35, note (*d*).

bois ou en plomb (1), à cause de la difficulté de
les façonner, à cause de leur délicatesse, et des acci-
dens multipliés auxquels ils sont sujets. Il est certain
que ce procédé est long, qu'il ne peut guère donner
un résultat aussi agréable et régulier par l'unifor-
mité des lettres, que les planches fixes et les caractères fondus dans des matrices ; cependant ce n'est
pas une raison de croire qu'il n'a pu être pratiqué
pendant quelques années, faute d'un meilleur. En
effet les inventeurs des matrices pour la fonte des
types, ont dû garder ce secret très-long-tems pour
eux seuls, et n'ont cédé leurs caractères à personne. On gravait en bois avant que de songer aux
caractères mobiles : ainsi le choix du bois propre
à la gravure était déjà fixé. Il est vrai que la gravure des lettres isolées devenait difficile sur le
bois, à cause de leur petitesse et des précautions à
prendre pour la hauteur, la largeur, l'équarris-
sage, l'alignement et la régularité des lettres ;
mais on essaya d'abord d'y graver de gros caractères, ensuite de plus petits, et il n'y a rien que
l'adresse et la patience humaine, soutenues de la
volonté de s'enrichir, ne surmontent. Puis on a
gravé beaucoup de lettres doubles ou triples, de

_____

(1) Heineken, *Idée d'une collection complète d'estampes;* Leipsick,
1771, grand in-8°, p. 253 et suiv.

diphthongues et de caractères abbréviatifs; ce dont il est facile de se convaincre par l'inspection des livres anciens. Si donc on le fait encore pour les caractères fondus, à plus forte raison l'a-t-on fait à l'origine de l'art pour les caractères gravés.

C'est encore une prévention de croire que de petites lettres de buis ou de plomb ne soutiendraient pas l'effort de la presse; car l'ouvrier fut toujours obligé de le ménager pour ne pas déchirer le papier ou le parchemin sur lequel il imprime; et ces petites pièces mises debout, réunies en masses et serrées fortement, deviennent alors très-capables de soutenir cet effort (1). Cette objection est donc faible; et le remède au gondollage que l'humidité cause au bois, était de les employer promptement pour les remettre en serre. Il suffit d'avoir indiqué la possibilité d'user des caractères mobiles de bois pour croire qu'on a pu les admettre quelque tems, faute d'autres, et pour de certains ouvrages; mais à coup sûr les caractères mobiles sculptés sur métal furent bien préférables, car ils étaient plus solides et d'un plus long service. Ils avaient coûté cher de façon à leurs propriétaires, raison qui aurait retardé l'emploi des caractères

(1) M. *Camus* a fait tailler en bois les lettres mobiles de deux lignes de la Bible attribuées à *Guttenberg*, et elles ont soutenu l'effort de la presse.

fondus, quand même le secret des matrices aurait
été plus répandu qu'il ne le fut dans l'origine;
puisque, d'ailleurs, les caractères obtenus par ce
nouveau procédé, ne donnèrent pas d'abord des
résultats meilleurs ou plus parfaits que ceux de la
gravure sur métal, mais seulement une fabrication
plus active et plus commode. Cet art de fondre les
types dans des matrices, a donc eu besoin, comme
tout autre, d'être perfectionné, et voilà ce qui dut
encore en retarder l'adoption.

Je suis en outre convaincu, de même que M. *de
Méerman* (1), que l'on n'a pas rencontré tout-à-
coup l'invention des matrices, mais qu'on y a été
conduit naturellement par un procédé nécessaire
et préparatoire à la formation des caractères de
métal. En effet, si d'abord on a perdu du tems à
scier, limer, polir, équarrir et réduire à une
hauteur égale les petites pièces de métal sur lesquelles on gravait chaque lettre, il est certain
que bientôt on a reconnu la nécessité de fondre le
métal selon les proportions désirées, de manière
qu'il ne restât plus que la lettre à graver sur chaque
morceau. M. *Heineken* a objecté qu'il fallait être
bien inepte pour ne pas fondre de suite l'œil de la

(1) *Origines typogr.*, t. 2, p. 46 et suiv.

lettre avec le corps (1); mais il n'en est pas moins
vraisemblable qu'il fallut avoir l'idée de fondre le
corps de la lettre que l'on voulait graver avant que
d'obtenir celle de fondre l'œil même de cette lettre
avec le corps par un seul procédé; et il n'y a que
les premiers artistes qui ont su positivement combien on a mis de tems pour arriver de la première
de ces idées à la seconde. Ce procédé de couler
le corps seul de la lettre, connu et pratiqué pendant
quelque tems, a démontré que si l'on pouvait
couler ce même métal dans des moules qui con-
tiendraient chaque lettre *gravée en creux,* on
obtiendrait promptement une lettre *fondue en
relief,* et propre à être employée tout de suite au
mécanisme de l'imprimerie. Le plus difficile dans
les arts est donc d'avoir l'idée d'un procédé quelconque; par la pratique ce procédé se rectifie, se
corrige, et tend toujours à se perfectionner. Il y
a bien loin des quatre aiguilles dont se servent nos
ménagères pour tricoter longuement leurs bas, à
l'invention des métiers dont on se sert dans les manufactures pour les faire beaucoup plus régulière-
ment et en bien moins de tems. Ainsi donc il ne
paraîtra pas étonnant que *Guttenberg* ait employé

---

(1) J'ai fait voir, en parlant du manuscrit de l'évangile d'*Ulphilas*,
un exemple bien frappant de l'ineptie humaine, et que rien n'est
plus vrai que le proverbe, *on ne s'avise jamais de tout.*

vingt années de travaux pour deviner l'art typographique, qu'il y ait dépensé sa fortune et celle de
plusieurs associés, avant que de toucher au dernier période de l'art; mais nous voyons bien qu'il
en a connu les procédés les plus communs comme
les plus difficiles, et qu'il a conduit *Schoyffer*
presque par la main à l'invention des matrices si
expéditives pour la seule fonte des caractères; ce
qui ne fait encore qu'une des parties de l'art typographique, mais une des plus essentielles; et ce
procédé fut lui-même connu de *Guttenberg*,
comme nous le dirons un peu plus bas. Il serait
impossible que *Faust* et *Schoyffer* fussent parvenus en deux ans (de 1455 à 1457) à la pratique
des nombreux secrets de l'art (1), s'ils ne les
avaient pas appris de *Guttenberg*, avant de le
dépouiller de l'atelier qu'il avait formé avec l'argent que *Faust* lui prêta.

Vainement on nierait que les *lettres gravées*
aient survécu long-tems à l'invention des *matrices*,
puisqu'on en trouve la preuve écrite dans les éditions anciennes. M. *Schelhorn*, bon connaisseur
en antiquités typographiques (2), et M. de

(1) Il faut se rappeler que le fameux *Psautier* publié par eux en
1457, est un chef-d'œuvre de l'art aux yeux de tous les connaisseurs,
et qu'une seule année n'a pas suffi pour l'exécuter.

(2) *Mantissa ad Quirinum de primis editionibus Romanis;* Lindav-
giæ, 1761, in-4°, p. 264, 265.

Méerman (1), citent différentes éditions faites à Strasbourg, à Cologne, à Spire, à Augsbourg, *in villa Beronensi*, à Ulm jusqu'en 1494, *en lettres sculptées*. Que peut-on opposer à cet aveu des imprimeurs eux-mêmes, aux raisons que j'ai déjà données de l'emploi des caractères gravés sur métal de préférence à ceux qui étaient fondus depuis 1457 dans des matrices? Et pourquoi les imprimeurs allemands n'adoptèrent-ils point les beaux caractères romains fondus par *Jenson*, les frères *Jean* et *Vindelin* de Spire, et en général par tous les bons imprimeurs de Rome, de Milan et de l'Italie, qui ont préféré pendant long-tems la lettre romaine aux caractères gothiques qu'ils employèrent eux-mêmes, mais plus tard? La cause n'en est-elle pas, que vers l'origine de l'art, chaque imprimeur étant fondeur ou graveur en lettres, eut ses caractères particuliers, sur la formation desquels il gardait le secret; que ces imprimeurs-fondeurs fournissaient peu de caractères à leurs confrères, ou refusaient absolument de leur en céder; et qu'enfin dans chaque pays l'art d'imprimer se modela sur les beaux manuscrits, sur les écritures adoptées de leur tems ou dans leur patrie.

Ce fut long-tems après que la fonte des carac-

_____

(1) *Origines typogr.*, t. I, p. 35.

tères est devenue un art particulier qui a suffi au travail de quelques artistes, sur qui les imprimeurs se reposent maintenant de ce soin, et chez lesquels ces derniers trouvent à s'assortir des caractères variés dont ils ont besoin chaque jour. L'art y a gagné quelque chose, les caractères se sont perfectionnés et régularisés dans les mains du fondeur; de leur côté les imprimeurs ont économisé un tems précieux à leurs entreprises (1). Cet art de la fonderie fut ensuite appelé *chalcographie*; il est le TROISIÈME des arts dont le désir d'imprimer les livres donna l'idée; il devint le complément de la *typographie* par les caractères mobiles fondus. La *xylographie* fut bientôt éclipsée par lui et tomba dans l'oubli, après avoir produit quelques chefs-d'œuvre. (2)

Cet épisode nécessaire nous ramène enfin à

(1) Quelques imprimeurs célèbres de nos jours ont repris l'usage de fondre leurs caractères eux-mêmes, et ont enrichi la *chalcographie* des plus beaux types connus. Il suffit de nommer MM. *Baskerville*, *Bodoni*, *Pierre* et *Firmin Didot*, pour attirer sur eux la reconnaissance que méritent leur beau talent et leur industrie active.

(2) Le plus beau, sans contredit, est le roman célèbre de *Teurdancks* de l'an 1517 et 1519; depuis ce tems les graveurs en bois n'ont été employés dans l'imprimerie que pour des vignettes, des culs-de-lampe, des grosses lettres d'affiches, ou des lettres ornées. Mais il y a vingt ans que les fondeurs se sont encore emparés de ces derniers travaux de l'art de graver en bois.

Guttenberg, et il est tems de raconter ce qu'il devint. La sentence du Sénat de Strasbourg du 12 décembre 1439, ayant été favorable à notre artiste, il fut quitte envers les héritiers d'*André Dritzehen*, en leur payant quinze florins pour solde, selon le texte de leur contrat de société, qui fut d'ailleurs affirmé en justice par *Jean Riffe* et *André Heilmann,* ses associés survivans. Ainsi *Guttenberg* refusant d'admettre *George* et *Nicolas Dritzehen* à la place d'*André* leur frère, cette société se trouva réduite à trois personnes. On ignore combien de tems *Guttenberg* resta liê avec ces hommes laborieux, et si les bénéfices de leurs entreprises les indemnisèrent de leurs frais; mais il est certain qu'il demeura à Strasbourg jusqu'en 1444, car son nom se voit encore cette année sur les registres des octrois de cette ville (1); et comme je l'ai dit plus haut, il paraît en avril 1441, dans un acte passé avec le Chapitre de Saint-Thomas de la même ville, et s'acquitte en décembre 1442 avec le même chapitre, en lui cédant la rente sur la ville de Mayence, qui lui était échue dans la succession de *Jean Rither,* dit *Leheymer*, son oncle, juge séculier de cette dernière ville. Ces transactions de 1441 et de 1442

---

(1) *Schoepflini Vindiciæ typogr.* Document. n° 7.

semblent annoncer des besoins d'argent. Déjà dans l'année 1441, il avait reçu du nommé *Rudiger de Landeck* son parent (1), qui s'était chargé d'administrer son bien à Mayence, après la mort de ses père et mère, une somme faisant le reste des produits de la vente de ce bien. Dès lors *Guttenberg* avait employé son patrimoine, soit à ses entreprises particulières, soit aux travaux de l'art typographique; et il est à croire que ceux qui restaient à faire pour celui-ci, exigeant encore de la dépense, il espéra trouver plus de ressources dans sa patrie, c'est pour cela qu'il forma le projet d'y retourner. En effet, dans l'année 1443, on le voit prendre à loyer pour trois ans, à Mayence, la maison de son allié *Ort Zum Jungen*, pour le prix annuel de dix écus d'or, dont il paya six mois d'avance le 28 octobre. (2) Cette convention fut sans doute renouvelée pour quelques années suivantes, puisque *Trithème,* qui l'avait appris de *Pierre Schoyffer* (3), raconte sur les années 1450 à 1455, que les trois inventeurs de l'imprimerie, *Jean Guttenberg, Jean Fust*, et *Pierre*

---

(1) *Origines typogr.,* t. I, p. 93, et page 166, note (*bd*), n° 1.

(2) *Schelhornii Observat. in Quirinum*, p. 15. — *Meermanni origines typogr.,* t. I, p. 166, note (*bd*), n° 2.

(3) *Annales Hirsaugienses ad ann.* 1450, t. II, p. 421.

Schoyffer, habitaient la maison dite *Zum Jungen*, qui fut ensuite surnommée l'IMPRIMERIE.

On voit donc très-clairement où *Guttenberg* fixa son domicile aussitôt après avoir quitté Strasbourg, qu'il habita pendant vingt ans au moins. Cependant M. *Schoëpflin* (1) et l'abbé *Mauroboni*, trompés par quelques écrivains mal instruits, sembleraient vouloir l'ignorer, quoiqu'à cet égard il nous reste des actes et des documens qui d'abord ne permettent pas d'en douter, et ensuite nous prouvent le séjour habituel et régulier de *Guttenberg* dans cette ville, sur-tout depuis l'an 1445. Il est vrai que son nom parut encore en 1444, le 12 mars, sur un registre d'octroi de Strasbourg, comme nous l'avons dit ci-dessus : mais il ne pouvait déménager qu'en cette année, et sans doute il ne le fit qu'après l'hiver; car une maison louée le 28 octobre 1443, ne pouvait guère être prise qu'au mois de mai suivant. Aussi fit-il beaucoup de voyages d'une ville à l'autre dans cette année 1444; mais en 1445 il était complètement établi à Mayence, puisque, le mercredi avant Pâques, il parut comme témoin dans une affaire (2). Le bail de sa maison était de trois ans,

---

(1) *Vindiciæ typogr.*, p. 27.

(2) *Schelhorn*, *ibid.*, p. 16, où il cite *Koëleri documenta*, p. 82.

ce qui le conduisait en 1447; il faut donc qu'il ait renouvelé cette convention, car en 1448 il existait encore à Mayence, où il acheta, le dimanche après la fête de l'Epiphanie, une propriété nommée *Lauffenberg*, ce dont *Jean Fust*, avec qui sans doute il avait déjà des relations, et *Pierre Van Aiche*, furent témoins. (1)

En 1450, le 12 janvier, il fait encore à Mayence une transaction avec des particuliers qui se chargent de lui fournir tous les ans une certaine quantité de vin pour son usage, moyennant une somme convenue (2). C'est dans l'acte qui fut rédigé à cette occasion, que l'on voit paraître sa femme nommée *Catherine Ketgins* et sa fille, ce qui donne à penser que le mariage contracté à Strasbourg était dissous par la mort d'*Anne Iselin* sa première épouse, qui, sans doute, ne quitta qu'à regret son pays natal.

Dans tous les actes rapportés ci-dessus, on ne trouve pas précisément à quoi *Guttenberg* s'est occupé depuis 1439 jusqu'en 1450; on doit inférer néanmoins qu'il ne perdit pas son projet favori d'imprimer les livres, en réfléchissant sur ses liaisons

---

(1) *Schelhorn*, *ibid.* p. 16 et 17 d'après *Koëler*.

(2) *Schelhorn*, *ibid.*, p. 17, d'après *Koëler*, p. 83. — Et *Meerman*, *ibid.*, t. I, p. 166, note (*bd*), n° 4, où il cite les livres où il a trouvé ces actes écrits en allemand.

dès 1448 avec *Jean Faust* (1), homme riche,
qui, par son aisance, hâta les progrès de l'art, et
joua dans la suite un si grand rôle dans l'histoire
de *Guttenberg*, par son procès avec lui, et les
belles entreprises auxquelles il se livra tant avec
notre artiste qu'avec *Pierre Schoyffer;* on le peut
inférer encore de ce que *Guttenberg* habita le
premier la maison *Zum-Jungen*, devenue célèbre
parce que l'art d'imprimer y fut conduit à sa perfection.

Le secret que notre inventeur et ses associés
successifs mirent dans leurs premiers travaux,
nous empêche de les bien connaître en détail. Cependant les livres qu'il publia quelques années
après avec date, font penser qu'il a jeté dans le
commerce quelques livres non datés, lesquels ont
été les premiers essais de ses travaux, soit en planches fixes de bois, soit en caractères mobiles de
bois ou de métal, soit enfin en caractères fondus
dans des *moules* appelés *matrices*, qui produisi-
rent le bel art typographique.

Il est certain qu'avec des moyens d'exécution
qui n'étaient ni sûrs ni bien éprouvés, on ne pouvait se livrer à de grandes entreprises. Lorsque
cet art se fut enrichi successivement de procédés

_____

(1) *Jean Faust* et *Jean Fust* sont le même personnage dont le nom
est indiqué de ces deux manières.

mieux combinés, il n'était peut-être pas encore prudent de se livrer à l'impression de gros livres. Un inventeur qui a épuisé sa fortune pour monter un atelier d'instrumens indispensables à ses travaux, est obligé de se modérer dans ce qu'il entreprend, de méditer sur le calcul de la sortie et de la rentrée de ses fonds, même quand des capitalistes viennent à son secours, et fécondent par beaucoup d'argent prêté les spéculations auxquelles l'art nouvellement créé donne lieu. Telle fut la position de *Guttenberg* après sa sortie de Strasbourg. Il y avait épuisé sa fortune ; que venait-il faire à Mayence ? Certes, son projet fut d'y chercher dans sa famille, ou parmi les compagnons de sa jeunesse, les nouveaux secours dont il avait besoin. On ne peut se dissimuler que dans une création nouvelle, aussi difficile, aussi vaste, il a fallu beaucoup dépenser. Il me semble donc impossible de croire que *Guttenberg* n'ait rien imprimé avant 1450, lui qui, dès 1438, avait eu une presse à son service. S'il n'avait pu montrer aucune production de son nouveau talent, il aurait eu beaucoup de peine à se procurer un associé assez riche pour le seconder ; et cependant il en eut deux, *J. Fust* d'abord, et *C. Humery* ensuite.

Je ne dirai pas ici d'une manière tranchante

quels ont été les premiers livres qu'il fabriqua,
puisqu'aucun ne porte son nom, l'indication du
lieu, ou de l'année de leur exécution. Néanmoins
on cite de lui deux *Donat*, pour les jeunes étu-
dians, *l'un en planches fixes de bois, l'autre en
caractères mobiles ;* un *Catholicon* différent de
celui de *Janua*, ou plutôt un *Abécédaire ;* un
Alexandri de Villa Dei doctrinale ; les *Statuta
provincialia Moguntiæ antiqua et nova ;* le
Modus confitendi et confessio generalis ; etc.
Ces essais de son art ne sont pas tous antérieurs
à l'an 1450; mais, en en montrant quelques-uns,
il lui devint facile de prouver qu'il exécuterait de
plus grands ouvrages, s'il trouvait un associé assez
puissant pour en faire la dépense. Je donnerai plus
bas de plus grands détails sur différentes éditions
qui ont été attribuées à *Guttenberg ;* occupons-
nous en ce moment de tout ce qui a rapport à
l'histoire de sa vie, pour mettre plus d'ordre et de
suite dans cet éloge.

L'abbé *Trithème*, déjà cité, donne dans ses
Annales du monastère d'Hirsauge, terminées en
1513, un précis de l'origine de l'imprimerie,
d'après quelques entretiens qu'il avait eus trente
ans auparavant avec *Pierre Schoyffer de Gernsheim*, que l'on place au rang des inventeurs. Il
convient d'entendre cet auteur contemporain ra-

conter ce fait historique sous l'année 1450. « Vers
» ce tems, dit-il, fut trouvé et inventé à Mayence,
» ville d'Allemagne, sur le Rhin, et non en Italie,
» comme quelques personnes l'ont écrit à tort (1),
» cet art admirable et jusqu'alors inconnu, d'im-
» primer des livres *avec des caractères.* C'est
» *Jean Guttenberg*, citoyen de cette ville, qui,
» *après avoir exposé toute sa fortune pour la*
» *découverte de cet art,* se trouvant dans de
» grands embarras, parce qu'il manquait tantôt
» d'une chose et tantôt d'une autre, désespéré de
» se voir obligé de suspendre ses travaux, COMPLÉTA
» *enfin, avec les conseils et les secours pécu-*
» *niaires de Jean Fust, de Mayence, l'art qu'il*
» *voulait établir* (2). D'abord ils (ces associés)

---

(1) *Voyez* sur ce passage la note de *Pr. Marchand,* dans son
Histoire de l'Imprimerie, partie IIe, p. 7, note (1).

(2) Il faut bien peser ces mots de *Trithème,* parce qu'ils ren-
ferment en quelque sorte un aveu de *Pierre Schoyffer*, rival de
*Guttenberg. Consilio tandem et impensis Joannis Fust.... rem perfecit
incæptam.* Ils nous démontrent clairement que *Guttenberg* acheva
d'établir dans toutes ses parties l'art dont il avait eu l'idée le premier.
Ainsi l'art d'imprimer existait avant que *Pierre Schoyffer* y eût mis
la main. Celui-ci perfectionna seulement les caractères, qui ne sont,
comme je l'ai observé, qu'une partie de l'art, mais une partie essen-
tielle, à laquelle *Guttenberg* avait pourvu en façonnant ses caractères
autrement. Je prouverai plus loin que notre inventeur connut et pra-
tiqua aussi l'art de la fusion des caractères, en convenant qu'il fut
moins bon ouvrier que *Schoyffer* qui excella dans l'art de peindre les
lettres par l'écriture.

» imprimèrent avec les caractères tracés régulière-
» ment *sur des planches de bois formées en*
» *pages ,* un vocabulaire nommé *Catholicon ;*
» mais avec les mêmes pages ou formes, *ils* ne
» pouvaient imprimer autre chose , parce que les
» caractères sur ces planches n'étaient pas mo-
» biles , ainsi que je l'ai dit. A ces moyens d'im-
» primer ils en substituèrent de plus ingénieux ,
» et ils découvrirent la manière de fondre la figure
» de toutes les lettres de l'alphabet latin. L'instru-
» ment dont ils firent usage pour cela , fut appelé
» MATRICE ; ils y jetaient en moule des caractères
» de fonte ou d'étain , propres à soutenir l'effort
» de la presse , *tandis qu'ils sculptaient les let-*
» *tres à la main avant cette découverte.* En
» *effet, comme je l'ai appris , il y a bien trente*
» *ans , de la bouche de Pierre Opilio* (ou
» *Schoyffer*) *de Gernsheim , habitant de*
» *Mayence, qui était le gendre du premier inven-*
» *teur de l'art* (1) *,* il y eut de grandes difficultés
» dans l'origine pour inventer et établir l'art typo-
» graphique. Car , en voulant imprimer la Bible,
» la depense montait déjà à plus de quatre mille

---

(1) Il y a dans ce récit une erreur de mémoire , puisque *Guttenberg* est bien , de l'aveu de *Trithème* lui-même , *le premier inventeur
de l'art ,* tandis que *Schoyffer* n'était le gendre que de *Fust ,* nouvel
associé de *Guttenberg ,* après quelques autres.

» florins , avant que d'avoir achevé le troisième
» cahier. Mais ce *Pierre Opilio* , alors employé
» au service de *Jean Fust , premier inventeur ,*
» et ensuite son gendre , comme je l'ai dit , homme
» doué de prudence et d'esprit , *inventa une ma-*
» *nière* PLUS AISÉE *de fondre les caractères* (1) ,
» *et* COMPLÉTA *l'art comme il est aujourd'hui.*
» Ces trois associés tinrent sous le secret pendant
» quelque tems l'art d'imprimer (2) , jusqu'à ce
» qu'il fut publié *à Strasbourg d'abord* (3) , et
» peu à peu chez toutes les nations , par les ou-
» vriers , sans le ministère desquels on ne pouvait
» l'exercer. Les *trois inventeurs ,* savoir , *Jean*
» *Guttenberg , Jean Faust* et *Pierre Opilio* son
» gendre , habitaient à Mayence dans la maison

---

(1) D'après cette expression échappée à *Trithème ,* si elle est exacte , on est induit à croire que *Guttenberg fondait ses caractères d'une manière moins facile ,* et *sculptait les lettres à la main :* ainsi l'on a pu dire , sans blesser la vérité de ce récit , que *Guttenberg fondait le corps de la lettre en métal , et ensuite gravait l'œil.*

(2) Voilà pourquoi j'ai pu dire aussi que *Guttenberg* était fort initié dans le secret des matrices pour la fonte des types : le *Catholicon* de 1460 étant de lui , le prouve encore mieux.

(3) C'est une erreur : ce sont les inventeurs eux-mêmes qui ont publié la découverte de l'art par les souscriptions des *Psautiers* de 1457 et 1459 , et par celle du *Catholicon* de 1460. J'ai d'ailleurs établi plus haut que les Strasbourgeois n'ont pas annoncé l'art avant 1468 , afin de vendre leurs livres imprimés comme des manuscrits.

» dite *Zum-Jungen*, qui ensuite, jusqu'à ce mo-
» ment (1514), fut appelée l'IMPRIMERIE. »

Il y a certainement beaucoup à dire sur ce récit,
l'un des plus véridiques de tous ceux qui existent
sur l'origine de l'art. D'abord il était impossible
que *Trithème*, en 1514, pût avoir bien présent
à la mémoire l'entretien qu'il s'était procuré *trente*
ans auparavant avec *Pierre Schoyffer*, et qu'il
n'ait pas affaibli ou surchargé quelques circonstances de cet entretien. Outre les erreurs relevées
dans mes notes, le savant *Trithème* glisse bien
rapidement *des planches fixes de bois aux ca-*
ractères mobiles, sans dire si ces caractères,
sculptés à la main le furent sur le bois ou sur du
métal, ni comment on passa des uns aux autres.

Il faut en convenir, *Trithème* n'écrivait pas
pour les artistes; il ne devina pas alors, qu'un
jour on serait curieux de connaître les époques de
la création de cet art, et quels livres avaient été
publiés par les premiers procédés dont l'inventeur
fit usage. S'il est excusable sur ce point, je le
trouve sans excuse sur un autre ; car on aperçoit dans son récit une affectation suspecte de vouloir faire passer *Jean Fust* pour le *premier inven-*
teur de l'art ; ce qu'il répète deux fois, quoiqu'il
ait avoué en commençant, que *Jean Guttenberg*
avait dépensé sa fortune pour la découverte de

la typographie : or , en ceci *Trithème* , où s'est contredit par inadvertance , ou se laissa influencer par *Jean Schoyffer ,* qui dès l'an 1503, jusqu'en 1515 et depuis , voulut persuader à tout le monde , que *Jean Fust* et *Pierre Schoyffer* , ses père et aïeul , étaient les *premiers inventeurs* de l'imprimerie (1). Peut-être aussi le manuscrit des Annales d'Hirsauge tomba-t-il entre les mains de *Jean Schoyffer* (2) , qui a ajouté deux fois au passage rapporté plus haut ces mots , *premier inventeur.* En lisant attentivement ce passage , on croit apercevoir que ces mots sont interpolés ; et l'on en demeure presque convaincu , lorsqu'on rapproche de celui-ci un autre passage de *Trithème ,* écrit en 1506 , et consigné dans la Chronique de Spanheim (3) , que probablement *Jean Schoyffer* ne put altérer , parce qu'alors il n'avait pas mûri le projet qu'il développa si hardiment dans la suite.

---

(1) *Voyez* les diverses souscriptions des livres imprimés par J. *Schoyffer ,* et *Méermann , Origines typogr. ,* t. II , p. 144 et suiv. , note (*cc*).

(2) Les *Annales d'Hirsauge ,* imprimées dès 1559 à Bâle , *in-folio ,* n'ont paru complètes qu'en 1690 ; ainsi la fin du manuscrit avait été égarée.

(3) Cette chronique existe par extrait dans l'*Appendix rerum Germanicarum* de *Freher ;* ou dans *Trithemii vita et opera historica , per eundem Freherum ;* Francof. , 1601. , 2 tomes *in-folio.*

Il faut se souvenir que *Trithème* avait présent à
la mémoire en 1506, aussi bien qu'en 1514, les
entretiens de *Pierre Schoyffer ;* cependant il y
dit simplement : « que *Guttenberg* , par les con-
» seils et les secours de plusieurs honnêtes gens ,
» *Jean Fust* et autres , COMPLÉTA *la découverte*
» *de l'art typographique qu'il avait commencée.*
» Celui·qui le premier répandit cet art *après l'in-*
» *venteur ,* fut *Pierre Opilio de Gernsheim ,* qui
» imprima en son tems un grand nombre de
» livres (1) »…. Ici tout est clair , conséquent ,
raisonné et sans contradiction ; *Trithème* y rend
justice à tout le monde ; tandis que les mots ajoutés aux Annales d'Hirsauge montrent d'abord une
contradiction , ensuite une prévention réelle en
faveur d'un homme dont le principal mérite fut de
posséder l'argent nécessaire pour décider une découverte importante et qui exigeait beaucoup d'a-
vances. *Fust* se trouva placé précisément entre deux
autres hommes d'un grand talent , qui , avec son
aide , la firent réussir par les moyens divers dont
il a été parlé. On voit bien néanmoins que *Trithème* a emprunté ce qu'il dit , de gens instruits
des origines de l'art. En effet , il nous reste un

(1) *Primus autem hujus artis dilatator fuit , post ipsum inventorem ,
Petrus Opilionis de Gernsheim , qui multa volumina suo tempore im-
pressit. Chron. Spanheimense , loco citato , ad annum* 1450.

acte daté du 6 novembre 1455, qui prouve évi-
demment qu'il a existé entre *Guttenberg* et *Jean
Fust* des relations d'intérêt pour la fabrication des
livres (1); mais on n'y nomme pas ces livres; on
n'y révèle pas précisément depuis quelle année commencèrent ces entreprises : je n'y rencontre même
aucune trace de société. Au contraire, il s'agissait
de la part de *Guttenberg* d'imprimer pour *Fust*
un livre. Celui-ci, en conséquence, prête d'abord
huit cents florins, qui sont employés, dit *Guttenberg* dans l'acte précité, à préparer et à faire ses
ustensiles. Cette somme devait suffire pour cela
seul, et les outils restaient en gages à *Fust* jusqu'à ce que l'argent lui eût été rendu. Néanmoins
Guttenberg avait promis à celui-ci de lui payer
par an six pour cent d'intérêt de ces huit cents premiers florins prêtés; ce qui avait été stipulé dans
un billet particulier cité dans l'acte : mais *Guttenberg* alléguait pour sa défense, que *Fust* de
son côté devait lui donner annuellement trois cents
florins pour les frais, c'est-à-dire, pour les gages
des domestiques, le loyer, le chauffage, le par-

---

(1) Cet acte existe en allemand dans *Wolfii monumenta typogr.*,
t. I, p. 472 et suiv.; dans *Senckenbergii selecta juris*, etc., t. I,
p. 269; et en français dans la *Dissertation sur l'origine de l'imprimerie primitive en taille de bois*, par M. *Fournier* le jeune, Paris,
Barbou, 1759, in-8°, p. 116 et suiv.

chemin , le papier, l'encre, etc. Il disait aussi que
Fust avait consenti verbalement à ne point exi-
ger l'intérêt des huit cents premiers florins stipulé
dans le billet. A ces conditions *Guttenberg* devait achever le livre en question , avec l'argent
qui en outre lui avait été prêté ou avancé sur ses
gages par ledit *Fust* ; car les huit cents premiers
florins n'avaient pas suffi , et le même *Fust* s'était
vu dans l'obligation d'en prêter huit cents autres ,
dont *Guttenberg* offrait de prouver l'emploi.
Celui-ci assurait, en outre , que les huit cents premiers florins ne lui avaient pas été prêtés à-la-fois ,
mais en différens tems , raison pour laquelle il
refusait d'en payer l'intérêt. De même , il refusait
aussi l'intérêt des huit cents derniers florins prêtés,
puisqu'il s'obligeait à en justifier la dépense. En
général , ces conventions sont fort embrouillées ;
car , s'il s'agissait d'un ouvrage exécuté en société,
chacun était obligé de préparer ses fonds , et *Gut-*
tenberg ne devait d'intérêts que pour la partie des
fonds que *Fust* aurait avancés pour lui ; autrement *Guttenberg* était entrepreneur, et *Fust* un
simple bailleur de fonds.

La convention principale n'est pas produite au
grand jour ; c'est d'un jugement provisoire , rapporté dans un acte de serment, que l'on tire le
peu de renseignemens qui nous restent sur cette

affaire. Ce jugement décida simplement, que *Gut-tenberg* rendrait compte des recettes et dépenses par lui faites pour *l'ouvrage entrepris à profit commun* (1) ; que s'il se trouve par le résultat du compte que *Fust* ait donné quelque chose au-dessus des huit cents florins , qui n'aurait pas été employé pour le profit commun, *Guttenberg* le lui rendra. Jusqu'ici tout est juste ; mais , ce qui le semble moins , c'est qu'en outre il fut jugé que si *Jean Fust* prouvait par serment , ou de toute autre manière valable en justice, qu'il avait pris lui-même à intérêt l'argent prêté à *Gutten-berg* , celui-ci lui en payerait aussi l'intérêt selon la teneur du billet mentionné plus haut. Si néan-moins tout cet argent fut employé à l'ouvrage fait pour le profit commun , *Guttenberg* ne devait que la moitié de cet intérêt, ou , comme je l'ai dit, il n'y avait pas de société entr'eux.

Ce jugement ne donne donc point une solution définitive , mais conditionnelle et subordonnée au compte à rendre et au serment à prononcer devant le juge pour obtenir un jugement définitif. Le pro-cès dura sans doute quelque tems encore :

» Tempore sed longo res est tractata dicaci
» Lite , hodie PENDET JUDICIS *in que* SINU (2) *».*

---

(1) Cet ouvrage , par malheur , n'est pas nommé dans le jugement.
(2) *Borgellani encomium chalcographiæ ; Moguntiæ , Fr. Behem ,*

On en infère deux choses ; la première , que si , *Guttenberg* put rembourser à *Fust* les mille six cents florins et les intérêts , il conserva ses instru- mens et la fabrication de l'ouvrage commencé à profit commun ; la seconde , que faute par *Gut- tenberg* de ne pouvoir rien rembourser , son àte- lier et l'ouvrage commencé, étant l'hypothèque de l'argent de *Fust* , restèrent probablement à ce dernier , aux termes de la convention établie dans l'acte du 6 novembre 1455. Cette dernière induction acquiert une sorte de probabilité , lors- que l'on voit deux ans après *Fust* mettre au jour, avec *Pierre Schoyffer* de Gernsheim , le fameux *Psautier* daté de 1457 , et *Guttenberg* ne donner aucun signe d'existence , ne faire paraître aucun livre portant son nom.

Il est à remarquer que ce même *Schoyffer* signa comme témoin l'acte de serment fait par *Fust* au détriment de *Guttenberg*, sous le nom de *Pierre Girnsheim*, avec *Jean Bonne*, tous les deux qualifiés clercs de la ville et évêché de Mayence (1). Dès-lors il est prouvé que ce *Pierre*

_____

1541 , in-4°, vers 261 et 262. Cet auteur , quoiqu'ayant écrit quatre- vingt-cinq ans après cette affaire , existant sur les lieux , peut y avoir eu de bons renseignemens sur ce procès , qui , selon lui , ne fut pas terminé.

(1) Le premier talent de *Pierre Schoyffer* était l'art d'écrire ; on

Schoyffer, requis spécialement par *J. Fust* pour son témoin, était initié dès l'an 1455 dans le secret de l'art d'imprimer. Du côté de *Gutten-berg* on voit figurer un *Henri Keffer,* qui dans la suite éleva une imprimerie particulière (1), et un *Bechtold de Hanau,* qualifié serviteur et valet de *Guttenberg,* dont il n'est plus parlé.

On se trouve donc ici dans une incertitude complète relativement à l'ouvrage commencé par notre inventeur pour *Fust* : mais dans tous les cas, ce ne pouvait être qu'un ouvrage important, si l'on en juge par la somme déjà dépensée, et par le tems employé. Si ce fut la *Bible sans date,* elle était peu avancée le 6 novembre 1455, époque du procès; car, d'après *Trithème qui le sut,* dit-il, *de Pierre Schoyffer même,* les inventeurs avaient dépensé plus de quatre mille florins avant

---

en a un très-beau modèle en grosses lettres de forme dans *Schoëpflin. Vindiciæ typogr.,* n° 7 des documens. Il est tiré d'un livre écrit à *Paris,* par ledit *Schoyffer,* en 1449. Quand on voit cette écriture du même genre que celle du Psautier de 1457, on n'est plus étonné de la belle exécution de ce livre.

(1) A *Nuremberg,* où il travailla ostensiblement en société avec *Jean Sensenschmidt.* Ils y ont notamment imprimé le *Rayneri* (*de Pisis*) *Summa* ; *Noribergæ, per Joh. Sensenschmidt de Egra et Henr. Keffer, Moguntinum,* 1473 , *in-fol.* — *Maittaire* appelle celui-ci *Koler* ou *Kohler.* Voyez *Meerman Origines typogr.,* t. I, p. 34, note (*d g*).

que le troisième cahier fût achevé (1); or *Fust*
n'avait encore prêté que seize cents florins à *Gut-*
tenberg. Cette somme ne cadre point avec l'autre,
ce qui donne à penser que la Bible n'était pas au
moment du procès le livre dont on s'occupait.
Etait-ce le *Psautier* publié en 1457? rien ne le
prouve, mais du moins sa date se rapproche un
peu de celle de ce procès devenu fameux; et la
perfection de ce livre annonce déjà un atelier complet, une pratique consommée de l'art d'imprimer. Cette entreprise avait demandé une mise
de fonds assez considérable. Il est plus que douteux que la somme qui fut prêtée à *Guttenberg*
ait suffi pour établir un si beau livre; mais il est
très-possible que notre artiste en ait commencé
les travaux. Au reste, qu'il ait travaillé sur la
Bible ou le Psautier, il est prouvé par la date de
celui-ci, que l'art typographique avait acquis dans
ce tems-là un tel degré de perfection, qu'il pouvait lutter avec avantage contre des productions
de l'an 1490 et 1502, tems auquel on osa réimprimer ce même Psautier avec les caractères pri-
mitifs de 1457 et 1459. A qui donc cette perfec-

---

(1) *Annales Hirsaugienses*, *anno* 1450. Après la dépense pour
former un atelier propre à exécuter un si gros livre, la Bible complète fut encore une entreprise grande et chère.

tion de l'art pouvait-elle être due ? est-ce à *Pierre Schoyffer* qui n'y pensait pas encore en 1449, tems auquel il était encore à Paris, et qui en 1457 ne s'occupait de l'art d'imprimer que depuis cinq à six ans seulement ; ou à *Guttenberg*, qui depuis l'an 1436 se creusait l'imagination pour établir cet art dont il devina la possibilité, dont il créa les principes ?

J'ai déjà dit que les caractères mobiles en font une des parties principales ; mais que pour les employer utilement, il était nécessaire que toutes les parties de l'art eussent été créées et mises en activité. *Fust* et *Schoyffer* trouvèrent l'art complet dans les mains de *Guttenberg* qui l'avait pratiqué avant eux, et qui le leur apprit. Ils perfectionnèrent seulement la fabrication des caractères, qui dans leurs mains devint un art particulier ; mais ceux-ci existaient déjà avant le procès de l'an 1455 ; et *Guttenberg* fut initié de même que ses associés dans le secret nouveau de la fonte des caractères, comme on le verra plus bas.

On veut que le *Psautier* de l'an 1457 ait été imprimé par *Fust* et *Schoyffer* en *lettres mobiles sculptées, soit en bois,* comme le dit M. *Fournier* le jeune (1), qui voyait du bois partout ; *soit en*

(1) *De l'origine de l'imprimerie primitive en taille de bois,* p. 73, 80 et suiv.

métal, opinion nouvelle de MM. *Heineken* (1),
Schelhorn et *Breitkopf,* tandis que le *Durandi
rationale divinorum officiorum* de 1459, serait
le premier livre exécuté par ces imprimeurs *avec
des lettres mobiles fondues par le procédé des
matrices.* Il convient néanmoins d'être conséquent
dans des assertions de ce genre, et je vois, d'après
les monumens et les dates, qu'il faut placer l'invention des matrices entre les années 1450 et 1455,
tems de la liaison de *Guttenberg* avec *Fust* et
Schoyffer. Cette idée avait déjà été donnée par
M. *Schoëpflin* (2), critique habile, qui s'appuyait
à cet égard du témoignage de *Jean Schoyffer,*
fils de l'inventeur même des matrices. Celui-ci
semble en effet placer cette découverte à l'an
1452 (3), lorsqu'il dit que *Jean Fust son aïeul,*

---

(1) *Idée d'une collection complète d'estampes*, p. 263 et suiv. —
Schelhorn, dans ses observations sur l'ouvrage de *Quirini* déjà cité.
M. *Breitkopf* est un imprimeur de Berlin, célèbre par son talent et
ses connaissances en antiquités bibliographiques. Je n'ai pas encore
vu son ouvrage annoncé dès 1771 par M. *Heineken*, p. 252, 262
et 272.

(2) *Vindiciæ typogr.,* p. 33.

(3) *Voyez* la souscription très-détaillée qu'il a mise à la fin de
J. *Trithemii Breviarium historiæ Francorum ; Moguntiæ*, per Jo.
Schoeffer, *anno* 1515, *in-fol.* — Répétée à la fin du *Breviarium ecclesiæ Mindensis* de 1516. C'est une anecdote de famille que l'on peut
regarder comme certaine.

après avoir *inventé* (1) *l'art d'imprimer en* 1450, LE CONDUISIT A SA PERFECTION en 1452, au poiut de pouvoir en faire usage ; en quoi il fut aidé de plusieurs inventions par *Pierre Schoyffer,* son ouvrier et son fils adoptif, « à qui il donna sa fille » en mariage, comme une juste récompense de » ses travaux et de ses découvertes. »

Il est fâcheux que *Jean Schoyffer* ne nous ait pas transmis la date du mariage de son père, ou au moins l'époque de sa naissance après ce mariage ; car un tel événement doit coïncider avec l'invention des matrices , puisqu'étant décisive pour l'exercice de l'art, elle détermina le mariage de préférence à toute autre cause. *Fust* n'appelle *Schoyffer* SON GENDRE qu'en 1465 (2), mais il n'est pas probable que *Fust,* dont le nom disparaît

---

(1) Ce mot *inventé* n'est pas mis là sans intention ; cependant c'est un mensonge manifeste ; car en 1505, dans sa dédicace du *Tite-Live allemand*, présenté à l'empereur *Maximilien Ier*, à qui sans doute il n'osait pas en imposer, il avoue que l'art d'imprimer *fut inventé par Jean Guttenberg* en 1450, et ensuite *corrigé* par la réflexion, le travail et la dépense de *J. Fust* et *Pierre Schoyffer* à Mayence, d'où cet art fut répandu dans tout l'Univers. Il était juste d'opposer *Jean Schoyffer* à lui-même, pour dévoiler ses variations et ses impostures successives, motivées par l'ambition d'obtenir un titre de noblesse et des armes.

(2) Dans la souscription du *Ciceronis officia et paradoxa*, imprimé à *Mayence* en 1465, et reproduit en 1466 le 4 février. Le *Sextus Decretalium* des mêmes imprimeurs, daté du mois de

en 1466 de dessus les éditions de Mayence , n'ait réalisé ce mariage que peu de tems avant sa mort. Quant à moi , je pense que les armes de *Fust* et de *Schoyffer* ayant été accolées ensemble dès 1457 sur le Psautier, comme elles l'ont toujours été depuis , cela prouve que l'union de ces deux hommes était déjà cimentée par des liens intimes et sacrés. Ainsi donc le mariage de *P. Schoyffer* ayant eu lieu avant 1457 , on peut affirmer avec vérité, que l'invention des matrices était de quelques années antérieures à celle-ci, et datait réellement de 1452 , tems auquel *Guttenberg*, *Fust* et *Schoyffer* travaillaient ensemble à la perfection de l'art typographique , découvert plus anciennement par l'homme que nous célébrons.

Le témoignage de *Jean Schoeffer* (1) est donc ici d'un grand poids ; il s'accorde avec celui de *Trithème* , qui avait appris de *P. Schoyffer* ce qu'il raconte des origines typographiques. Il est même presque certain que le Psautier de 1457 a pu être imprimé avec des lettres fondues dans des matrices , ainsi que le *Durandi Rationale* de l'an 1459. Toute la différence entre eux est , que

---

décembre 1465 , ne dit pas comme ici, Petri *manu* pueri mei *feliciter effeci finitum.*

(1) C'est ainsi qu'il a écrit son nom que son père écrivait *Schoyffer.*

ce dernier fut imprimé avec des caractères moins gros que le premier. Sur cela il faut absolument s'en rapporter aux déclarations faites par *Fust* et *Schoyffer* eux-mêmes , à la fin de leurs éditions ; car ces déclarations furent données depuis le complément de l'art typographique, et la perfection des caractères de métal. Jamais ces déclarations n'ont varié depuis dans leur style et leur contexture ; toutes disent , *adinventione artificiosa imprimendi ac characterisandi , absque calami exaratione , sic effigiatus.* Il me paraît clairement prouvé par-là , que tous les livres mis au jour par *Fust* et *Schoyffer* depuis l'an 1457 y compris , jusqu'à leur mort , ont été imprimés par le même procédé des lettres fondues dans des matrices ; et si quelques lettres ont varié par leur forme , l'œil et la grosseur , c'est que ces deux artistes ont eu quelques matrices différentes pour la même lettre , comme ils ont eu aussi plusieurs sortes de caractères graduées en grosseur , selon les règles qu'ils ont dû se prescrire alors.

Il me paraît certain encore , que si les mêmes artistes avaient découvert, depuis l'an 1457 seulement, un moyen d'imprimer avec des caractères plus parfaits , et d'un autre genre que ceux qu'ils employèrent à leur première édition du Psautier, ils n'auraient pas manqué de le publier , et de se

glorifier d'une nouvelle perfection de l'art, ajoutée
à beaucoup d'autres. Cependant ils ne l'ont pas
fait, parce que d'une part l'invention des matrices
était antérieure à l'an 1457, et que de l'autre il
faut se persuader d'une grande vérité ; c'est que
la publication de l'art nouveau d'imprimer date
réellement de cette année 1457, quoique les artistes aient réservé par devers eux le secret de la
fabrication des caractères par un procédé jusqu'alors inconnu. Ils n'ont d'ailleurs travaillé avec
des caractères menus qu'après divers essais faits
avec de plus gros : car tout art doit partir d'une
proportion première pour tendre à une réduction,
ou bien à une perfection quelconque. Le Psautier
de 1457, de l'aveu de tous les connaisseurs, est
dans son genre un vrai chef-d'œuvre, qui annonce
la pratique des procédés les plus difficiles en typographie. Ainsi donc les hommes qui ont ajouté
aux découvertes de l'art après *Guttenberg*, n'ont
mis leur nom sur le Psautier dont nous parlons,
qu'après s'être exercés quelque tems sur d'autres
ouvrages, plus ou moins considérables, publiés
comme manuscrits, car cela entrait dans leur spéculation. Si d'ailleurs la Bible sans date dont par-
lent *Trithème* et la Chronique de Cologne (1),

---

(1) Ecrite en allemand et imprimée à *Cologne* par *Jean Koelhoffen*.

fut réellement le premier livre important qu'ils imprimèrent de 1450 à 1452, ce long travail a dû tellement les rendre habiles, que l'étonnement doit cesser en les voyant annoncer leur découverte, et décorer de leur nom, comme de leurs armes, leur édition du Psautier de 1457; ce qui devint en quelque sorte une prise de possession et un brévet d'invention de l'art.

Le Psautier dont il s'agit serait vraiment une production miraculeuse, si l'on devait la considérer comme la première tentative de la typographie nouvelle; mais on ne peut se le dissimuler, sa beauté, sa perfection annoncent, comme je l'ai dit, de longs essais antérieurs dans plus d'un genre. Pages imprimées correctement de deux côtés et en juste rapport; lettres fleuronnées, majuscules de deux ou quatre points imprimées de diverses couleurs, et sur-tout en rouge, ainsi que quelques lignes de même couleur, ce qui a nécessité la composition de deux pages rentrantes ou des soins très-minutieux et très-délicats. Encre noire, forte et de belle teinte; tirage sur le vélin, plus difficile que sur le papier, mais égal et bril-

---

de Lubeck en 1499, *in-fol.*, p. 311. On attribue à *Ulrich Zell* de Hanau, un des plus anciens imprimeurs de Cologne, le récit sur l'origine de l'art, consigné dans cette chronique.

lant ; enfin , propreté par-tout et des variations
sensibles presque dans chaque exemplaire. Ce
chef-d'œuvre n'a été imité que par ses propres
auteurs (1); et cependant les éditions subséquentes
sont inférieures à la première. L'abandon des
lettres fleuronnées , des capitales en couleur et
même des rubriques exécutées par l'impression ,
nous fait connaître que ces artistes se sont dégoûtés
promptement de ces pratiques longues et difficiles , ou qu'ils ont été forcés de céder à des ordres
supérieurs , motivés sur les plaintes des anciens
libraires , des clercs et écrivains publics , enlu-
mineurs, rubriqueurs et décorateurs de manuscrits ,
qui se trouvaient privés de tout travail par ces inventions nouvelles (2).

(1) En 1459 par *Jean Fust* et *Pierre Schoyffer* ; en 1490 et 1502,
par *Pierre Schoyffer* seul. La seconde et la troisième édition ont des
différences sur lesquelles on peut consulter l'ouvrage cité de M. *Heineken*, p. 273 et suiv. ; et pour la quatrième édition le *Catalogue de
M. de la Vallière*, par *M. de Bure*; *Paris*, 1783, 3 vol. in-8°,
n° 235. Il en résulte que ce livre fut imprimé en caractères mobiles
assez solides pour se prêter au travail de quatre éditions , ressource
que l'on ne trouve que dans les caractères de métal égaux et bien
faits ; car les ouvriers habitués en 1490 et 1502 à des caractères
fondus d'une hauteur égale, n'auraient pas voulu se servir alors de
caractères irrégulièrement *sculptés* , à cause du tems qu'il fallait
perdre pour les accorder lors du tirage des feuilles.

(2) *Voyez* à ce sujet une observation frappante de M. l'abbé
Mauroboni : Quadrio critico-tipografico, p. 62 et suiv. à la fin du
Biblioteca portatile , t. II.

Sans doute on aurait ignoré, pendant quelques
années de plus, l'existence de l'art d'imprimer les
livres par des caractères fondus isolément dans des
moules ou *matrices*, sans le procès intenté par
Fust à *Guttenberg*; et ce fut le juste ressenti-
ment qu'il éprouvait contre les hommes cupides,
qui le dépouillèrent d'un atelier complet, au moment d'en jouir avec fruit, qui fut cause de la publication de ce procédé trois ans après l'annonce
de l'art nouveau. Ainsi la manifestation de cet
art est due à la rivalité trop réelle des inventeurs.
Fust et *Schoyffer* s'étaient annoncés les premiers
comme imprimeurs, dans les souscriptions du
Psautier de 1457 et 1459, et dans celle du *Rationale divinorum officiorum*, de la même année; mais il n'y a que leur rival, que *Guttenberg*
enfin, qui ait pu dévoiler sans crainte et sous
leurs yeux (1) *le secret des matrices*, que *Fust*
et *Schoyffer* ont toujours tenu caché. Cette édition du Catholicon fut exécutée avec des caractères bien différens de ceux des imprimeurs que je
viens de nommer. *Guttenberg* a travaillé à sa manière et non pas à la leur; ses caractères sont
moins beaux, parce qu'il ne les peignait pas aussi

---

(1) Dans la souscription du *Catholicon de Jean Balbi*, dit *de
Janua*, publié à *Mayence*, en 1460, grand *in-folio* sans nom d'imprimeur.

bien que *Schoyffer*, qui fit son premier talent de
l'art d'écrire ; mais ils sont lisibles et conformes
à l'écriture du tems. Il est enfin devenu, comme
eux, chef d'un atelier important ; et de tous les
artistes connus pour avoir contribué à l'origne et
à la perfection de l'art, on ne voit jusqu'à présent que *Guttenberg* qui ait pu fabriquer cette
édition précieuse, laquelle, par son volume, exi-
gea pour le moins deux ou trois années de travail
préparatoire.

Mais veut-on avoir de *Guttenberg* lui-même
l'aveu qu'il imprimait en 1459, et même long-tems
auparavant, prenons l'acte qu'il a consenti le jour
de Sainte-Marguerite (le 20 juillet 1459), au
profit des religieuses du couvent de Sainte-Claire
de Mayence, dans lequel *Berthe* ou *Hebele*, sa
sœur, était entrée en religion et où elle était
morte ; il y dit : « Et quant *aux livres* que moi
» *Henne* susdit AI DONNÉS *à la bibliothèque du*
» *couvent*, *ils doivent y rester toujours et à*
» *perpétuité ;* et JE ME PROPOSE, moi *Henne* sus-
» dit, DE DONNER AUSSI, sans fraude, *à l'avenir*
» *audit couvent*, pour sa bibliothèque, à l'usage
» des religieuses présentes et futures, *pour leur*
» *religion et culte*, *soit pour la lecture ou le*
» *chant*, ou de quelle manière elles voudront
» s'en servir d'après les règles de leur ordre, *les*

» *livres que* moi *Henne* susdit AI DÉJA IMPRIMÉS
» A CETTE HEURE , OU QUE JE POURRAI IMPRIMER A
» L'AVENIR , en tems qu'elles voudront s'en servir;
» et pour ceci , etc. (1) ». On y voit donc clairement que depuis long-tems *Guttenberg* avait
donné à ce couvent de Sainte-Claire différens
livres qu'il avait imprimés , qu'il en imprimait
encore, et se proposait d'en imprimer *à l'avenir;*
que ces livres se rapportaient *à la religion et
au culte* , qu'ils pouvaient servir *à la lecture et
au chant;* ce qui indique implicitement que cet
inventeur savait imprimer le plain-chant comme
toute autre chose.

Il est certain que notre inventeur, privé de tous
ses instrumens de travail, dut monter avant tout
un atelier ou une fonderie pour la fabrication de
ses caractères ; qu'il lui a fallu se munir ensuite
des instrumens nombreux et des étoffes (2) qui
sont indispensables pour la pratique d'un tel art.
Cela nous rejette à l'an 1457 , époque de la publication du premier Psautier. C'est la souscription de
celui-ci qui donna l'idée de celle du *catholicon*

---

(1) Oberlin, *Essai d'Annales de la vie de* Jean Guttenberg , in-8°,
p. 5 et 6.

(2) Le parchemin , le papier, l'encre , etc. etc.

de 1460 ; et je trouve celle-ci trop importante pour ne pas la rapporter , en y joignant les réflexions qu'elle suggère.

« Altissimi præsidio , cujus nutu infantum lin-
» guæ fiunt disertæ , quique numero sæpè *parvu-*
» *lis revelat quod sapientibus celat ,* hic liber
» egregius Catholicon , Dominicæ incarnationis
» anno M. CCCC. LX. alma in urbe Maguntina
» nationis inclitæ Germanicæ , (quam Dei cle-
» mentia tam alto ingenii lumine , donoque gra-
» tuito cæteris terrarum nationibus præferre illus-
» trareque dignatus est) non calami , styli aut
» pennæ suffragio , *sed mira patronarum forma-*
» *rumque concordia , proportione ac modulo*
» impressus atque confectus est (1). »

Il y a certainement un peu d'emphase dans cette souscription , qui émane d'un homme glorieux

---

(1) Cette souscription, dont je n'ai point conservé l'orthographe , est accompagnée de quatre vers , dont le premier commence par ces mots : *Hinc tibi, sancte pater,* etc. , qui se retrouvent dans la plupart des livres sortis de cette imprimerie. J'ai vu cette édition dans la bibliothèque de Sainte-Geneviève à Paris. C'est un gros *in-folio ,* imprimé à deux colonnes, moins parfaitement que le *Durandi ratio- nale divinorum officiorum* de *Fust* et de *Schoyffer* de l'an 1459 , parce que *Guttenberg* ou son ouvrier peignaient moins bien l'écriture que *Schoyffer.* Il n'y a point ici de grandes majuscules de deux ou quatre points. Le rubriqueur l'a orné et travaillé comme un manus- crit ordinaire.

d'avoir fait réussir, après mille traverses, une idée dont il était créateur. Il y remercie, non sans raison, le Tout-Puissant de la protection qu'il a donnée à une entreprise bien difficile. Le pauvre *Guttenberg* joue le rôle du navigateur malheureux, qui enfin touche au port après divers naufrages consécutifs : aussi se montre-t-il bien plus religieux que ses heureux concurrens, qui n'attendirent pas si long-tems que lui les moyens de jouir de leurs travaux. Je présume que cette phrase, *quique numero sæpè parvulis revelat quod sapientibus celat*, est un trait justement lancé contre *Pierre Schoyffer*, jeune écrivain, qui, sans avoir étudié long-tems le mécanisme de l'art d'imprimer, venait d'imaginer assez promptement des procédés plus abréviatifs, sur lesquels *Guttenberg* avait long-tems lui-même rêvé sans succès. On y voit encore combien l'imprimeur de ce livre était flatté que la découverte de la typographie eût été complétée à Mayence. La manière dont il s'exprime à cet égard est bien celle d'un bon Mayençois qui chérit sa patrie, et qui est enthousiasmé d'avoir réussi dans un art nouveau qui devait honorer son pays ; et il n'y a, je crois, que l'inventeur de l'art nouveau, à qui l'on puisse attribuer cette phrase qui me paraît un trait de caractère et de sentiment. Il appuie ensuite sur le procédé merveilleux de la formation

6

des types *par le moyen des moules ou matrices d'une admirable concordance et proportion;* et s'il n'en a pas eu toute la gloire, l'éloge qu'il en fait prouve combien il en a senti l'utilité, sans être jaloux d'une invention aussi ingénieuse qu'il adopta lui-même.

Il est donc bien constant que l'imprimeur du *Catholicon* de l'an 1460, se félicite ici *de l'usage qu'il a fait des matrices dont il révèle le secret,* et qu'il a agi dans cette affaire contre ses propres intérêts, puisque lui-même, c'est-à-dire *Gutten-berg*, avait tenu secrets ses procédés typographiques depuis l'an 1434 ou 1436. Nous devons remarquer encore qu'il ne s'est jamais nommé comme imprimeur, soit par la crainte de déroger à sa noblesse, préjugé très-grand en Allemagne (1), soit par d'autres considérations que nous ne devinons pas en ce moment. Il pourrait sembler extraordinaire aujourd'hui, que *Guttenberg* n'ait pas réclamé la priorité d'invention de l'art typographique, en se laissant aller à l'envie de molester des rivaux dont il avait à se plaindre. L'occasion

(1) On a vu à Vienne, dans le siècle dernier, deux imprimeurs célèbres, MM. de *Trattner* et de *Kurzbrock*, prendre le titre de *Nobles* sur leurs éditions sans crainte de déroger. L'inventeur d'un art utile acquiert un titre de noblesse que lui donne la reconnaissance publique. Ce titre en vaut bien un autre.

sans doute était favorable; mais, si l'on observe que ce qui a semblé problématique dans le siècle dernier par l'insouciance de *Guttenberg*, par l'adresse de ses compétiteurs à se mettre en scène, et sur-tout par l'ambition notoire de *Jean Schoyffer*, était une vérité constante pour ses contemporains et ses compatriotes, une vérité tellement reconnue, que *Jean Fust* et *Pierre Schoyffer* n'ont pas hésité de l'avouer aux amis qui les interrogeaient sur cela, on en sera beaucoup moins surpris. En effet, tant que *Guttenberg* a vécu, ses deux associés en 1452 et en 1455 n'ont jamais osé dire dans leurs souscriptions qu'ils étaient les seuls inventeurs de l'art, n'ont proféré rien qui pût attenter à la gloire de celui qui, en leur faisant part de sa découverte, devint la cause de leur prospérité. Au contraire, à la fin du *Sextus Decretalium* de l'an 1465, ils commencent à donner à la ville de Mayence l'honneur de cette découverte (1); et *Schoyffer* a placé à la fin des *Institutiones Justiniani* de 1468, *in-folio*, une pièce de vers latins en l'honneur de l'art (2), dans laquelle, en se

---

(1) Ils y empruntent à leur tour quelques mots de la souscription du *Catholicon* de 1460.

(2) Elle est répétée à la fin des *Decretales Gregorii IX*; *Moguntiæ*, 1473, *in-folio*.

faisant gratifier de quelques éloges, il parle implicitement de *Guttenberg* en ces termes :

« *Quos genuit* ambos *urbs Magontina* Johannes
» *Librorum insignes* protocharagmaticos,
» *Cum quibus optatum* PETRUS *venit ad Polyandrum*
» *Cursu* POSTERIOR, *introeundo* PRIOR, *etc.* »

Or, il est certain que les deux *Jean*, originaires
de Mayence, et premiers inventeurs des caractères
sculptés ou fondus, sont *Jean Guttenberg* et *Jean
Fust,* qui disait lui-même, à la fin du *Ciceronis
officia et paradoxa,* de l'en 1465 et 1466, *in-fol.* :
« *Præsens Marci Tulii Ciceronis clarissimum
» opus* Johannes Fust *moguntinus civis non atra-
» mento, plumali canna, neque ærea,* sed
» arte quadam perpulchra Petri manu pueri mei
» *feliciter effeci finitum anno* 1465; » et qui par
conséquent voulait être compté pour quelque chose
dans l'invention de l'art typographique, quoique,
de nos jours, M. de Méerman ait prétendu (1)
que les deux *Jean,* dont il est parlé dans ces
vers, ne sont autres que le *Jean Gensfleisch
Senior,* ouvrier de *Coster,* et *Jean Gensfleisch Junior,* dit *Guttenberg,* notre artiste.

Laissons à M. de Méerman son opinion, que

_____

(1) *Origines typogr.*, t. I, p. 176 et *seq.*

les meilleurs historiens de la typographie rejettent (1), et revenons à notre véritable inventeur, que *Trithème*, instruit par *P. Schoyffer*, proclame comme tel dans des écrits déjà cités ; et que la famille de *Schoyffer* a reconnu publiquement, ainsi que je l'ai prouvé ci-dessus. *Guttenberg* n'eut aucune raison de réclamer, pendant sa vie, contre les attentats faits à sa gloire par *Fust* et *Schoyffer*, puisque ces hommes ne refusaient pas encore de le reconnaître pour leur maître ; et que l'aîné des fils de *Schoyffer* est le seul qui essaya de transporter l'honneur de cette belle découverte sur la tête de son père et de son aïeul, afin d'obtenir pour lui-même les priviléges de la noblesse, et le droit d'avoir des armoiries. *Guttenberg*, de son côté, ne voulut peut-être pas déroger à la noblesse de son origine, en s'annonçant comme artiste imprimeur ; peut-être eut-il aussi des raisons particulières de ménager ses rivaux. S'il ne les paya point en 1455, il n'osa plus avouer aucune édition postérieure à cette époque, de peur de leur donner prise sur un mobilier nouveau, créé aux dépens de quelque autre associé.

On peut ajouter à ceci, que l'imprimerie de

---

(1) *Schelhorn, Iselius, Schwarz, Prosper Marchand, Seizius, Kohlerus, Schoëpflin*, et beaucoup d'autres.

Guttenberg était si bien connue de l'Électeur de
Mayence, qui, par cette raison, était devenu son
protecteur, qu'après la mort de notre inventeur,
il ne voulut pas que cette imprimerie sortît de ses
États. Il existe, à cet égard, un acte authentique,
de l'an 1468, par lequel *Conrard Humery* remercie *Adolphe*, archevêque de Mayence, de lui
avoir rendu l'atelier typographique de *Gutten-*
berg, dont lui *Humery* avait toujours été propriétaire; et dans lequel il lui fait la promesse que
cette imprimerie ne sortira point de Mayence (1).
Il serait difficile, après cela, de douter que *Gut-*
tenberg ait eu en sa puissance une imprimerie; et
c'est à la former qu'il s'occupa, lorsqu'il se vit dépouillé de celle qu'il avait établie aux dépens de
Jean Fust, depuis 1450 jusqu'en 1455; laquelle,
par les soins de celui-ci et de *P. Schoyffer*, son
gendre, devint la plus célèbre et la plus importante de Mayence et des environs. On conjecture,
avec quelque vraisemblance, que ce *Conrad Hu-*
mery, syndic de la ville de Mayence, vint au
secours de notre *Guttenberg*, et l'aida de sa
bourse, pour élever l'imprimerie qu'il laissa à sa
mort; mais s'il put mettre au jour, en 1460, le

_____

(1) Voyez *G. C. Joannis Scriptores rerum Moguntinarum*, t. III,
p. 424 et ailleurs.

grand *Catholicon de Janua*, dont on a parlé ci-dessus, bientôt il fut encore obligé de suspendre ses travaux, à cause des graves dissensions qui s'élevèrent dans cette ville après la mort de *Thierry* d'Erpach. Cet archevêque était décédé en 1459; *Dieterich* ou *Thierry* d'Isenbourg avait été nommé pour lui succéder; mais *Adolphe* de Nassau, son concurrent, lui disputa le siége. Celui-ci, plus puissant ou plus hardi, rassembla des troupes et prit Mayence d'assaut, en 1462. Il périt beaucoup de monde dans cette guerre de peu de jours, et les ouvriers attachés aux premiers inventeurs de l'imprimerie, ne pouvant exister au milieu de ces débats sanglans, s'enfuirent dans plusieurs villes célèbres des environs, telles que *Cologne*, *Bamberg* et *Strasbourg* (1). Ils y établirent, pour leur compte, des imprimeries, qui de là se propagèrent dans toute l'Europe.

On veut que *Guttenberg*, au milieu de ces agitations politiques, ait employé sa presse à mettre au jour un *Factum* de deux feuillets, ou quatre pages, servant d'apologie pour *Thierry*

---

(1) *Ulric Zell*, disciple de *Guttenberg*, dit-on, se fixa à *Cologne* vers 1465, et ne mit pas souvent son nom et la date à ses éditions. *Albert Pfister*, imprimeur en planches fixes, travaillait à *Bamberg* en 1461 et 1462; *Jean Mentel* et *Henri Eggestein* avaient chacun un imprimerie en activité à *Strasbourg* vers 1466.

d'Isenbourg (1) , que le pape Pie II avait frappé d'anathême et voulu déposséder de son arche-vêché. Mais comme on sait que *Guttenberg* obtint , en 1465 , un emploi dans la maison d'*Adolphe*, successeur de celui-ci , il est difficile de croire que l'édition du *Factum* dont il s'agit, doive lui être attribuée; car la distinction qu'il obtint en 1465 , fut certainement le fruit de son attachement au parti du nouvel archevêque. Il est néanmoins possible que cet emploi ait encore été la récompense des travaux typographiques de notre inventeur (2). Le nouvel électeur , *Adolphe* de Nassau , avait fixé sa résidence à Eltvil (*in alta villa*) (3), bourg situé à peu de distance de Mayence , et dans sa dépendance ; il nous semble démontré que *Guttenberg* y transféra sa demeure , avec une imprimerie qui subsistait encore en 1477 , long-tems après sa mort : autrement il n'y avait pas de raison pour

---

(1) *Schwartz* dit en avoir vu un exemplaire. Voyez *Index librorum sub incunabula typographiæ impressorum* , t. II, p. 13 et suiv.

(2) En effet *Guttemberg* fut admis au rang des officiers nobles de ce prince (*inter aulicos*) , avec un appointement annuel qui consistait dans un habillement , l'exemption de payer la taille et certains impôts. La patente de cet emploi est datée du 17 janvier 1465 , et se trouve dans les *Scriptores rerum moguntiacarum de G. Chr. Joannis*, t. IIIᵉ, p. 424.

(3) La patente donnée à *Guttenberg* est datée de cet endroit.

qu'un pareil établissement fût resté long-tems dans un endroit qui ne pouvait offrir aucune ressource à son industrie. Si donc *Guttenberg* eut un titre à la cour de cet électeur, ce fut sans doute celui de *son imprimeur*, office nouveau, qu'on dut créer pour le récompenser de son invention. Le brévet parle de services rendus à l'électeur et à son chapitre, sans dire de quelle espèce; et l'on en peut inférer qu'ils se rapportent à l'impression de ses ordonnances, ou de quelques livres utiles à l'église, à la religion et à l'éducation.

Nous avons différentes éditions sans date, imprimées avec les mêmes caractères du *Catholicon* de 1460; telles que :

Sancti Thomæ *de Aquino Summa de articulis Fidei et Ecclesiæ sacramentis ; in-4°*. Livre élémentaire pour les jeunes ecclésiastiques et l'instruction de la jeunesse.

Mathœi de Cracovia *Tractatus, seu dialogus rationis et conscientiæ de sumptione pabuli salutiferi corporis D. N. Jesu-Christi; in-4°* (1).

Je n'ose néanmoins les garantir pour être précisément de *Guttenberg*, car il n'y a que le

---

(1) Tous les deux cités par *Panzer, Annales typogr.*, t. II, p. 137, n°s 89, 90.

caractère , joint au défaut de date , qui le fasse
présumer quant à présent. Attendons de nouvelles preuves pour constater un peu mieux le
fait que j'avance comme très-probable. On ne
sait trop en effet quelle date donner à des éditions
de ce genre; car nous avons la certitude que les
imprimeries de Mayence cessèrent de travailler
depuis 1462 jusqu'en 1465. *Fust* et *Schoyffer* ne
publièrent qu'à la fin de cette année 1465 le *Ciceronis officia* (1), et le *Sextus decretalium* (2),
tandis que *Guttenberg* mit au jour, en 1466, le
Grammatica rythmica.

 Il devient vraisemblable que *Guttenberg* quitta
la vie dans l'année 1467, puisqu'au 4 novembre
de cette même année, les ouvriers qui, pendant
sa vie, exécutaient sous ses yeux des éditions sur
lesquelles ils n'osaient pas mettre leur nom ,
n'hésitent plus à le produire au grand jour sur le
Vocabularium latino-teutonicum, commencé
par *Henri Bechtermuntzé,* et terminé le 4 novembre 1467 à Eltvil , par *Nicolas Bechtermuntzé,* frère de *Henri,* et *Wigandum Spyes
de Otherberg* (3).

---

(1) Celui-ci ne porte pas le mois de son exécution , tandis que les
exemplaires de 1466 sont datés du 4 février.

(2) Celui-ci est daté du 17 décembre 1465.

(3) Cette édition existe à Paris à la Bibliothèque impériale , où je

Ce qui donne à penser que cette imprimerie était celle de *Guttenberg*, et qu'elle était spécialement protégée par l'électeur de Mayence, c'est que ce prince voulut bien la rendre, après la mort de *Guttenberg*, à *Conrad Homery*, ou *Humery*, syndic de cette ville, qui se trouvait propriétaire de ce mobilier typographique, parce que, selon les apparences, il en avait fourni les fonds. C'est pourquoi cet *Homery* donne à son électeur, et sans doute sur la réquisition de celui-ci, un acte qui nous a été conservé par différens écrivains, et notamment par le docte *Joannis* (1). Il y promet à l'électeur, son maître, qu'il fera usage de ce mobilier typographique à Mayence et non ailleurs ; qu'il ne le vendra point, et qu'en cas de vente, un citoyen de Mayence

---

l'ai vue, ainsi que la réimpression de l'an 1469, citée par M. *de Méerman. Orig. typ.*, t. II, p. 96, 97, en note. M. *Van Praët*, garde de cette immense bibliothèque, a eu la complaisance de me les communiquer, et j'attendais avec impatience le moment de lui en témoigner ma gratitude.

(1) *Scriptores rerum moguntiacarum*, t. III, p. 424.—Par *Kohler*, dans un ouvrage allemand sur *Guttenberg*, p. 100 et suiv. — Par *Prosper Marchand*, *Wolfius*, etc. — Cette réponse d'*Humery* à l'ordre de son électeur est datée du vendredi après Saint-Mathias, au mois de février 1468, ce qui constate la mort de *Guttenberg* avant cette époque, et confirme mon assertion qui l'établit avant le 4 novembre de l'an 1467.

aura toujours, à prix égal, la préférence sur un étranger. On ne prend point une telle précaution sans sujet ; et cette prévoyance du prince démontre qu'il était jaloux de conserver à Mayence, ou dans son palais d'Eltvil, l'atelier typographique du premier inventeur de l'imprimerie, comme une curiosité nationale et glorieuse pour le pays. Il est certain que cette imprimerie, ou du moins un fragment, existait encore à Eltvil en 1477 (1), deux ans après la mort du prince, et il en résulte que le docteur *Humery* a tenu fidèlement sa promesse, soit que *Nicolas Bechtermuntzé* et son associé *Spyes de Otherberg* y imprimassent à son compte ou pour le leur.

Cette discussion nous amène au moment fatal où *Guttenberg*, privé de la vie, laisse à la renommée le soin de publier ses utiles travaux, et les services innombrables que l'art typographique, dont il fut le créateur, rendit aux sciences et aux lettres.

Pleurez, Muses, celui qui voulut être le confident de vos pensées, et le propagateur de vos

---

(1) Une quatrième édition du *Vocabularium latino-teutonicum* a reparu en cette année 1477, avec la même souscription et les mêmes caractères, ce qui a été affirmé par M. de *Méerman* et *Jean Heumann* avant lui.

leçons! Sans lui, les eaux de l'Hippocrène, si long-tems obstruées à leur source, se perdaient dans des marais fangeux ; le Parnasse restait désert, et le dieu des arts abandonné. Mais l'utile invention de *Guttenberg* ranima le désir et les moyens de l'instruction, la rendit facile et peu coûteuse, repeupla le Parnasse de sujets admirables par la multiplicité de leurs talens, la vivacité de leur imagination, la solidité ou la beauté de leurs écrits. On ne voyait presque personne franchir les routes tortueuses qui conduisent au temple d'Apollon. Les plus beaux écrits des anciens disparaissaient successivement sous la faulx tranchante du Tems, sous le poids accablant de la barbarie des siècles. Maintenant *Homère, Aristote, Platon, Xénophon, Hérodote, Tite-Live, Virgile, Horace, Tacite, Pline, Plutarque* et mille autres, semblent tirés du néant et reparaissent sous des formes précieuses et brillantes, pour ne jamais périr : on se presse, on se heurte, on se froisse pour arriver au sanctuaire divin, contempler Apollon et les neuf compagnes de sa gloire. La porte de leur temple, si long-tems fermée, s'est enfin largement ouverte. Depuis ce tems, les favoris du dieu lui composent une cour nombreuse et très-variée, un cortége aussi imposant qu'aimable et digne de lui. Il règne sur ses sujets avec une douceur attrayante. Ses sœurs, constamment belles, sans cesse rajeunies, répandent avec grâce mille bienfaits mérités sur les courtisans qu'a- mène en ce lieu le désir de plaire et de réussir. Cette cour est devenue plus brillante et respectée; car le dieu malin du goût, celui de la satyre, Momus, et par fois la Folie, y font une police sévère. Tout a pris une forme nouvelle dans l'em- pire d'Apollon et des Neuf-Sœurs; et cet Etat qui, depuis l'origine du monde, a subi tant de révo- lutions; qui, pour quelques années de splendeur, eut des siècles d'une profonde obscurité, aura maintenant une durée plus longue, plus certaine, et n'éprouvera jamais cette cruelle instabilité qui causa presque sa ruine. Ce prodige fut l'ouvrage de l'art immortel et nouveau que créa *Gutten- berg*. Graces t'en soient rendues, artiste ingé- nieux et sublime; par toi l'imprimerie crée en un jour plus de travaux que l'art d'écrire n'en pré- parait autrefois dans un an. Par toi, l'instruction doit faire en une année plus de progrès qu'elle n'en fit autrefois dans un siècle; et depuis qu'elle est universellement répandue, il n'y a plus à craindre que des barbares, munis d'armes cruelles, ou de sophismes impertinens, parviennent jamais à l'anéantir.

Pleurez donc, Muses, pleurez celui qui fut le

confident de vos pensées, et le propagateur de
vos leçons! Et vous, artistes nombreux, qui l'avez
suivi dans la carrière typographique, qui avez
embelli, perfectionné ses découvertes, souvenez-
vous qu'il fut votre père, que vous lui devez votre
bonheur, vos richesses, qu'il vous ouvrit le sen-
tier de la gloire, et qu'il a droit à votre reconnaissance et à vos regrets. Empressez-vous de
solliciter l'érection du monument qu'un auguste
Empereur, ami des arts, a résolu de faire cons-
truire, en l'honneur de *Guttenberg*, dans la ville
de Mayence, sa patrie.

Le bienfait de l'art d'imprimer fut senti dès son
origine. Des hommes puissans accueillirent les
imprimeurs, des potentats les protégèrent, et
quelques gens de lettres du quinzième siècle en
rendirent grâces à *Guttenberg*, soit en vers, soit
en prose, sur le papier comme sur le marbre.
Maittaire, *Prosper Marchand*, *Jean Chrétien
Wolfius*, *le célèbre Schoëpflin*, M. *de Méerman*, et beaucoup d'autres, ont rassemblé, dans
leurs écrits sur l'histoire et l'origine de l'imprimerie, un grand nombre de témoignages (1) dans

_____

(1) Ils ont été rapportés dans le cours de cet éloge, et dans l'ouvrage déjà cité de M. *Oberlin*, p. 6 et 7.

lesquels il est désigné à la reconnaissance publique, où se trouvent beaucoup d'éloges de l'art typographique, qui retombent sur son inventeur.

Ne laissons pas dans l'oubli deux épitaphes qui lui ont été faites par deux de ses contemporains; car elles sont une preuve de la considération particulière dont il a paru digne après sa mort. La première est due à l'un de ses compatriotes, qui fut, je crois, son parent. Il demeurait à Eltvil, ce que nous devons remarquer encore comme une preuve nouvelle du séjour qu'y fit *Guttenberg*.

In felicem Artis Impressoriæ inventorem.
D. O. M. S.

Joanni GENSFLEISCH, *Artis Impressoriæ* REPER-TORI, *de omni natione et linguâ optimè merito, in nominis sui memoriam immortalem Adam* GELTHUS *posuit. Ossa ejus in Ecclesiâ D. Francisci Maguntiæ feliciter cubant* (1).

_____

(1) C'est ainsi que le rapportent *Adam Schragius* et M. *de Méerman :* mais je regarde comme impossible que l'on ait écrit dessus l'endroit de sa sépulture, et c'est sans doute une note de *Marsilius ab Ingen*, dont *Schragius* et ensuite M. *de Méerman* l'ont tirée. Il serait bon néanmoins de faire vérifier les registres des sépultures ou des fondations de l'église de Saint-François de Mayence, s'ils existent encore ; on y trouverait peut-être la date précise de la mort de *Guttenberg ;* mais l'épitaphe n'y est plus : on en donne pour raison que

On présume , avec raison, que cette première épitaphe est du tems même de la mort de *Gutten-berg ;* la suivante est plus nouvelle.

Jo. GUTENBURGENSI *Moguntino , qui primus omnium literas* Ære *imprimendas invenit, hac arte de orbe toto bene merenti , Ivo* WITIGISIS *hoc saxum pro monimento posuit;* M. D. VIII.

Cette inscription fut placée, dit-on, dans la maison dite de *Gudenberg*, ou plutôt *Zum-Jungen*, où l'art d'imprimer fut complété. La maison ayant été rebâtie , cette pierre a disparu. On a remarqué néanmoins que le savant *Ives Witigisis*, natif de Hamelbourg, professeur de droit canon à Mayence, était mort le 4 décembre 1507 , et qu'en conséquence l'inscription dont il s'agit ici, devait avoir une date antérieure à cette époque; mais comme la pierre qui la portait est perdue , on ne peut raisonnablement discuter ce témoignage qui venait à l'appui de celui de *Trithème*.

cette église des Cordeliers de Mayence fut donnée en 1577 aux jésuites, qui, l'ayant réparée à neuf, ont enlevé les anciens monu-mens pour faire place à de nouveaux. J'ai présumé qu'*Adam Gel-thus* était parent ou allié de *Guttenberg*, à cause d'*Ortwin Gelthus* d'Oppenheim, dont *Kohler* nous a conservé un acte en allemand de l'an 1456 avec *Jean Guttenberg*, indiqué aussi par M. de *Meerman*, *Origines typogr.*, t. I, p. 166 , note (*b d*), n° 5.

On a retrouvé à Strasbourg, depuis quelques années, un beau portrait de notre *Guttenberg* (1), que l'on a placé dans la bibliothèque publique de cette ville. Il faut convenir qu'il ne pouvait être mieux que dans un vaste dépôt de livres, qui s'accroît chaque année par le bienfait de l'art auquel il donna le jour. Après *Adam*, aucun homme ne fut le père d'une postérité plus nombreuse que *Guttenberg* ; comme lui, peut-être, il eut quelques enfans ingrats, ou méchans, ou malins ; mais il en procréa tant d'autres du plus grand mérite, qui rendirent des services infinis à l'espèce humaine, qu'en faveur du bien qu'ont fait les uns, il faut oublier le mal produit par les autres.

Il est tems de s'occuper des productions typographiques de *Guttenberg*, soit réelles ou supposées ; et cette troisième partie de son *Eloge Historique* ne sera pas la moins intéressante pour les bibliographes et les amateurs d'antiquités typographiques.

_____

(1) C'est M. *Koch* qui nous apprend dans son *Tableau des Révolutions* la découverte du portrait de *Guttenberg* trouvé dans les archives de la vieille Tour aux *Phennings*. On croit qu'il a été fait du vivant de l'original. A défaut de celui-là, on en a quelques autres, dont on ne peut garantir la fidélité. On les trouve dans *Thévet*, *Mallinkrot*, *la Caille*, *Maittaire*, et *Prosper Marchand*. Le graveur *Odieuvre* nous en donne encore un dans sa belle collection de portraits, et celui-ci fut gravé par *Gaillard* sur un dessin de *J. Robert*.

TROISIEME PARTIE.

S'IL est vrai, ce dont je doute, que dès l'an 1436 *Guttenberg* fit usage de caractères mobiles de bois ou de métal pour imprimer les livres, il paraît naturel de mettre de côté toutes les pro-ductions de la *xylographie*, ou de l'art de graver les lettres *en planches de bois*, pour ne s'occuper que de celles que l'on reconnaît pour appartenir ou à la *typographie* proprement dite; ou seule-ment aux premiers essais de *Guttenberg*, indi-qués par quelques auteurs anciens et dignes de foi.

D'abord, on ne peut se dissimuler que les premiers livres imprimés ne furent que des ou-vrages peu considérables, relatifs à la connais-sance des lettres, aux premiers élémens des lan-gues, à ceux de la religion et de la théologie, etc., mais assez utiles, malgré leur petitesse, pour couvrir, en peu de tems, la dépense de leur fabri-cation, au moyen d'un prompt débit. *Guttenberg, Fust* et *P. Schoyffer* débutèrent ainsi dans la carrière typographique; leur prudence était louable, car il fallait s'assurer, par de petits travaux, de la réussite des grandes entreprises que leur découverte devait bientôt créer. Aussi la conduite des inventeurs devint précisément le modèle que suivirent peu après quelques ouvriers sortis de leur école. Ceux-ci ignoraient encore certains procédés de l'art, et se trouvaient forcés d'en deviner eux-mêmes les parties tenues long-tems secrètes par leurs maîtres. C'est pourquoi, tandis que nos trois inventeurs marchaient à grands pas dans la carrière, ne cédaient à personne, ni leurs caractères, ni leurs presses, ni les instrumens de l'art; d'autres imprimeurs d'Allemagne, d'Italie, de France et des contrées voisines, tâtonnèrent jusqu'en 1465 et même jusqu'en 1470, avant que d'avoir un procédé fixe pour opérer. Cette raison, jointe au petit intérêt qui engageait encore les imprimeurs à faire passer pour manuscrits leurs livres imprimés, nous démontre pourquoi, jusqu'à cette époque, et postérieurement encore, il a été publié tant de livres sans date, sans nom de lieu ni d'imprimeur, ou dont la fabrication imparfaite et irrégulière ferait croire qu'ils appartiennent en effet à l'origine de l'art (1).

_____

(1) Voyez *Schoepflin*, *Vindiciæ typog.* — *Meerman, Origines typogr.* — *Schelhornii Observat. in Quirinum;* le *Catalogue de la Vallière,* 1783; ces auteurs en donnent des modèles gravés.

Il faut donc être bien en garde contre quelques éditions données pour très-antiques, et ne pas s'enthousiasmer légèrement de leur importance. On doit se méfier sur-tout de quelques brocanteurs adroits, qui ont cherché à vendre des bouquins pour des livres précieux. On sait combien en ce genre le fameux comte de *Pembrock*, MM. d'*Uffenback*, de *Boze* et quelques autres amateurs généreux furent trompés autrefois, et combien quelques autres l'ont été de nos jours.

J'examinerai donc avec quelque sévérité les éditions attribuées à *Guttenberg*, car je ne suis ni charlatan, ni enthousiaste; mais je cherche la vérité de bonne foi, et je désire poser le doigt sur les premiers monumens d'un art dont les origines sont encore trop voilées pour que l'on puisse décider sans réplique, que tel ou tel livre, dépouillé des marques qui servent à constater sa naissance, est plutôt de l'inventeur que de ses rivaux et de ses élèves.

Certainement, en 1436, *Guttenberg* avait à Strasbourg, dans la maison d'*André Dritzehen*, une petite imprimerie, et fabriquait un livre dont on a trouvé quatre pages serrées dans une forme par une vis et son écrou. Quel était ce livre? Le procès dont on a les pièces ne le nomme pas : la mort de cet associé de *Guttenberg* força celui-ci

de détruire l'ouvrage dont il s'agit, et jamais depuis il ne nous a révélé ce secret. Si donc il n'a rien imprimé avant cette époque, ce qu'on a lieu de présumer, quoique cette tentative, en partie exécutée, prouve déjà que notre *Guttenberg* était en état d'imprimer quelque chose, il faut retarder un peu la publication de son premier essai. Au reste, on est bien embarrassé de découvrir quel fut ce nouvel essai de la typographie naissante.

Si l'on en croit *Trithème*, qui déclare le tenir de *Pierre Schoyffer* même, ils imprimèrent un Catholicon *en planches fixes de bois.* Malgré le mérite de ce témoignage important, il est fort douteux qu'en 1448 ou 1450, tems auquel commencèrent les liaisons de *Guttenberg* avec *Fust*, notre artiste ait exécuté un livre *en planches fixes*, lui que l'on suppose avoir employé dès 1436 les caractères mobiles. A la vérité cette supposition n'est pas de *Trithème*, dont le récit prouve qu'il ignorait qu'en cette année 1436 *Guttenberg* avait déjà poussé fort loin ses essais typographiques.

Le récit d'*Ulrich Zell* inséré dans la chronique de Cologne, imprimée en 1499, n'est guère plus croyable. Après avoir dit que l'art d'imprimer fut découvert en 1440, et que depuis cette année jusqu'en 1450, *on travailla à perfectionner cet art et ses accessoires*, il ajoute *qu'en 1450 on commença à imprimer,* et *que le premier livre entrepris fut une* BIBLE LATINE*, laquelle a été exécutée en gros caractères du genre de ceux dont on se sert pour les missels* (1). Or il n'est pas probable que notre artiste ait *commencé* par un tel ouvrage qui exigeait un long travail et de grandes avances, auxquelles il était ridicule de se livrer sans avoir fait des essais préalables, qui devaient garantir la réussite d'un si gros livre; mais d'autres questions se présentent.

Guttenberg, après la dissolution de sa première société à Strasbourg en 1439 ou 1441 jusqu'en 1444, époque de son départ de cette ville, a-t-il mis au jour quelques éditions?

Depuis son retour dans sa patrie en 1444 jusqu'à l'an 1450, époque de ses liaisons avec *Jean Fust* à Mayence, a-t-il publié quelques livres dans cette seconde ville?

Et avant la publication de la fameuse *Bible* sans date qu'on lui attribue, fit-il avec *Fust* quelques essais préliminaires?

_____

(1) Le Psautier de 1457, imprimé en caractères du genre de ceux des missels, est bien une portion de la Bible, mais ce n'est pas la Bible. Il faut remarquer que dire que l'*art et ses accessoires furent perfectionnés de 1440 à 1450,* c'est convenir en quelque sorte que cette Bible fut imprimée en caractères mobiles; on n'explique pas néanmoins par là s'ils étaient de bois ou de métal, sculptés ou coulés.

Il devient difficile de répondre avec assurance à ces questions : cependant les grands progrès de l'art, constatés en 1457 dans le fameux Psautier de *Fust* et *Schoyffer*, prouvant que la pratique de la typographie, jusque-là tenue sous le secret, était complétée, nous font conjecturer que ce bel ouvrage fut précédé de quelques autres beaucoup moins considérables et moins parfaits; car cet art n'arriva pas tout-à-coup et sans de longs travaux à ce degré de perfection manifesté dans le Psautier dont il s'agit. Il doit donc exister différens livres par lesquels on a cherché le moyen de deviner si réellement l'art nouveau pouvait offrir des spéculations utiles, et c'est pour s'en être assuré de cette manière que *Guttenberg*, d'une part, a persisté pendant vingt ans et plus dans ses tentatives; et que *Fust* de l'autre part s'est décidé à dépenser beaucoup d'argent pour établir le *Psautier* de 1457, celui de 1459, le *Rationale divinorum officiorum* de 1459, et les *deux Bibles* de 1462 ; l'une *latine*, l'autre *allemande :* entreprises vastes pour le tems, toujours progressives en étendue jusqu'au moment des troubles, parce que les premières avaient été fructueuses. Cherchons donc à deviner sous l'obscurité qui les couvre ces essais typographiques de *Guttenberg*, avant et pendant sa société avec *Fust* et *Schoyffer*.

I. M. *de Méerman*, sur un bruit populaire re-
cueilli par *Adrien Junius* dans son *Batavia* (1),
assure qu'il est sorti de l'imprimerie de *Guttenberg* A MAYENCE, en 1442 (2), un *Alexandri
Galli* (*de* VILLA-DEI) *Doctrinale*, *cum* PETRI
HISPANI *Tractatus Logici*, exécuté avec les
mêmes caractères dont *Laurent Coster* avait fait
usage à Harlem. J'ai réfuté ci-devant l'assertion de
M. de *Méerman*, qui veut que *Guttenberg* ait été
domestique de *Laurent Coster*, et je crois en
avoir démontré la fausseté. Celle de l'impression
du *Doctrinale de* VILLA-DEI faite à MAYENCE en
1442, est prouvée par un acte qui fait voir que
Guttenberg n'est retourné à Mayence qu'en 1444;
ainsi donc si l'on adopte ce livre comme ayant été
imprimé en 1442 par notre inventeur, c'est à Strasbourg qu'il a vu le jour et non ailleurs. Ce livret,
par l'utilité dont il pouvait être alors et son peu
d'étendue (3), peut en effet avoir été du petit

(1) *Lugd. Bat.* 1588, *in-fol.*, p. 253 et suiv.
(2) *Mauroboni Biblioteca portatile*, t. II, p. 548, dit à STRASBOURG
et en petits caractères de missels. *Voyez* aussi le même auteur, t. Ier,
p. 244.
(3) Le *Doctrinale d'Alex. de Villa-Dei* servait encore du tems
d'*Erasme* dans les écoles, c'est une Grammaire écrite en vers léonins
et commençant ainsi : *Scribere Clericulis paro Doctrinale novellis.* Il
y en a quelques éditions d'Italie et d'Allemagne dans le quinzième
siècle, avec ou sans commentaire. Il faudrait la comparer avec le
Grammatica rythmica de l'an 1466. L'auteur, né à Dol en Bretagne,
florissait en l'année 1240.

nombre de ceux sur lesquels *Guttenberg* a dû
faire l'essai de ses *caractères mobiles de bois* (1)
avant son retour à Mayence. Cependant rien n'est
moins sûr que cette assertion, car il nous reste à
vaincre une grande difficulté; c'est qu'on n'a pas
encore rencontré un seul exemplaire de ce livre;
et M. *Mauroboni* ne dit pas où il a vu celui qu'il
assure être pareil au Donat exécuté en petits caractères de missels, et sans doute comme lui en
planches de bois (2). Il devient donc important de
retrouver un tel ouvrage pour juger *s'il est en
planches fixes* ou *en caractères mobiles*.

II. Une autre édition attribuée à *Guttenberg*
par l'abbé *Trithème*, est un *Catholicon* ou *Vocabulaire*, au sujet duquel il s'exprime assez nette-
ment dans ses *Annales d'Hirsauge* à l'année 1450.
Nous avons rapporté ce passage dans notre seconde
partie, et il en résulte que ce *Catholicon* n'aurait
pas été imprimé avec des caractères mobiles, mais
en planches de bois. Il est fort douteux néanmoins
que *Guttenberg*, dans sa société avec *Jean Fust*,
ait repris l'usage des planches fixes de bois, lui

---

(1) *Meerman*, *Origines typog.*, t. I, p 149.

(2) *Biblioteca portatile*, t. I, p. 244; t. II, p. 348, où il assure
que cette Grammaire est de format in-4°, et du petit caractère de
missel.

qui, dit-on, se servait depuis long-tems de caractères mobiles, soit en bois, soit en métal. Ensuite
on est peu d'accord sur l'espèce de livre désigné
par ce mot *Catholicon* ou *Vocabulaire*. Dira-t-on
que c'est le même livre de *Jean Balbi de Janua*,
qui fut réimprimé en 1460 en caractères mobiles
de fonte? Cet ouvrage est trop volumineux pour
que l'on puisse croire qu'il ait été gravé d'abord
en planches fixes de bois; et si on s'était livré à
cette dépense, on ne l'aurait pas vu reparaître en
1460 en caractères mobiles, parce que, l'entreprise
une fois terminée, l'imprimeur aurait pu donner
ses exemplaires à moitié prix de ceux de son concurrent. Il faut savoir que le *Catholicon de Jean
Balbi* est un cours d'études complet, contenant
une Grammaire divisée en orthographe, étymo-
logie, syntaxe et prosodie, à laquelle est jointe
une espèce de rhétorique, et enfin un Dictionnaire
trois fois plus considérable que le reste de l'ouvrage. Ce ne peut être non plus l'un ou l'autre de
ces trois ouvrages, car il ne mériterait plus le titre
de *Catholicon*, qui veut dire *universel*. L'abbé
Mauroboni, cité plus haut, prétend que ce prétendu *Catholicon* est au contraire un *Abécédaire*
composé par un moine allemand, à l'usage des
enfans, et par conséquent très-peu volumineux.
Ce dernier, selon lui, aurait été exécuté *en*

planches de bois, en *caractères gothiques* dont on s'est servi pour les *petis missels,* et l'un des premiers essais de *Guttenberg* à Strasbourg vers 1440. En supposant donc que cet *Abécédaire* soit le même que celui dont il a été parlé par *Salmuth* et divers auteurs nommés par *Prosper Marchand* (1) comme ils attribuent ce travail au seul *Jean Fust,* et qu'ils lui font faire cet essai en 1440, on sent bien qu'il y a encore erreur de leur part, puisque réellement *Jean Fust* ne fut initié par *Guttenberg* dans l'art d'imprimer, qu'à Mayence, vers l'an 1448 ou 1450. Ainsi donc, si cet *Abécédaire* ou ce *Catholicon imprimé en planches de bois* existe, il fut un des essais de *Guttenberg* les plus anciens, et précéda la découverte des caractères mobiles. Dans tout ceci il faut considérer que *Trithème* écrivait à trente ans de distance du récit qui lui avait été fait par *P. Schoyffer,* et que par conséquent sa mémoire a pu le tromper, comme ce fait le prouve. Le *Catholicon,* livre connu, a été mis par lui à la place d'un autre dont le nom lui est échappé, et qui était beaucoup moins important. On pourrait croire aussi que le savant *Trithème,* malgré son amour pour les livres, n'avait point dans sa bibliothèque les premiers

_____

(1) *Histoire de l'imprimerie,* p. 14 et 35, note (*H*).

essais de l'art; autrement il en aurait parlé plus pertinemment. On n'a pas encore rencontré ce *Catholicon* ou *Abécédaire* dont a parlé *Trithème*, et l'on a cru qu'il avait nommé ce livre au lieu du DONAT.

III. Une petite Grammaire latine, extraite du DONAT en faveur des enfans, est encore un livre dont on assure que *Guttenberg* a fait une ou deux éditions (1). Ici la scène change, et l'on trouve réellement différentes éditions de ce livre (2), dont les premiers imprimeurs du quinzième siècle firent un des premiers articles de leur commerce (3). Cependant on sera toujours embarrassé de distinguer celles de *Guttenberg*, ou qu'on lui attribue, des *Donat de Harlem*, que l'on croit avoir été

(1) Suivant M. *Daunou*, l'auteur de l'*Essai sur les Monumens typogr. de Guttenberg* (M. *Fischer*) compte quatre éditions du *Donat*, publiées par notre inventeur, ce qui sera difficile à démontrer clairement.

(2) *Le Catalogue de la Vallière* de 1783, sous le n° 2180, porte ce titre : *Incipit* DONATUS *venerabilis magistri Johannis* GERSON, *Cancellarii parisiensis;* mais comme il n'a que *sept feuillets in-folio*, il se peut que ce livre soit différent des *Donats* adoptés en Allemagne dans le quinzième siècle. On le date de 1476 ou environ. *Gerson* serait-il l'auteur de l'abrégé des *Donats* si fameux dans les annales de l'imprimerie primitive ?

(3) *Sweynheim et Pannartz* à Rome; *Quentel* à Cologne; *Jean Schœffer* et autres.

exécutés par *Coster* et par d'autres xylographes.
Ce livre rentre dans la classe de ceux que les
premiers imprimeurs en lettres aimaient aussi à
vendre, car il est sans figures, et pouvait, en
raison de sa facile exécution et du prompt débit,
se prêter à leurs essais et les indemniser de leurs
dépenses. Le récit du chroniqueur de Cologne,
emprunté d'*Ulrich Zell* de Hanau, parle de ces
Donats de Hollande, et dit que l'art d'imprimer
a été imité de ces éditions; ce qui n'est pas précisément la vérité, puisque le fait a prouvé que ce
n'était pas là la typographie proprement dite.

Sans entrer dans cette discussion déjà épuisée,
disons quelque chose de cet opuscule. Il est tiré
d'un plus grand ouvrage de *Donat* sur la Grammaire, et rédigé par demandes et réponses à l'usage
des écoles. C'est pour cela que le nom de l'auteur
primitif lui est resté. L'ouvrage commence par ces
mots : *Partes orationis quot sunt? Octo*, etc.
Toutes ces parties sont traitées séparément; ensuite
viennent les conjugaisons des verbes *amo, doceo,
lego, audio, fero, sum* et *volo.* Enfin le livre
finit par ces mots : *Unum participium habet,
quod est, volens. Explicit* Donatus. (1)

Il en existe plusieurs éditions différentes, la plu-

_____

(1) *Meerman, origines typogr.*, t. I, p. 127, 128, note (*d l*).

part sans date, sans nom de ville et d'imprimeur, mais de format *in-4°*. De ces éditions on en distingue deux, que l'on croit sorties de l'imprimerie de *Guttenberg* et *Fust* lorsqu'ils travaillaient ensemble (1). Elles sont exécutées, dit - on, en *planches de bois, et non en caractères mobiles.* L'une est en caractères du genre de ceux dont on faisait usage alors pour les *missels*, ou pour mieux dire en *lettres de forme*. M. *Heineken*, qui en a donné un modèle gravé (2), nous dit : « Quand » on examine ces lettres, on les trouve justement » du même type ou dessin que celui de la Bible » que je nomme la première, et dont je parlerai » dans un autre endroit; *elles sont encore sem-* » *blables à celui du Psautier de* 1457, *quoi-* » *qu'elles ne soient pas de la même grandeur.* » (3)

---

(1) *Denis*, Supplément à *Maittaire*; *Mauroboni*, *Bibl. portatile*, *in Venezia*, 1793, in-12, t. II, p. 270 et suiv.

(2) *Idée d'une Collection d'Estampes*, p. 257, n° 2.

(3) Ce qu'il faut remarquer, parce qu'alors ce caractère de *Donat* *n'est pas le gros caractère de missel, mais le petit;* conclusion qui peut s'adapter à tous les Donats connus. Comment M. *Heineken*, homme instruit, a-t-il pu dire que des lettres sont *semblables*, quand il avoue que cependant *elles ne sont pas de la même grandeur?* Leur identité réelle avec les lettres du Psautier faisait croire que ce *Donat* sortait de la même fabrique; leur différence en grandeur prouve au contraire qu'il peut appartenir à une autre imprimerie que celle de *Guttenberg* et *Fust*.

Les planches de bois du *Donat* dont M. *Heyneken* jugeait le type, avaient appartenu, l'une à
M. *Foucault*, conseiller d'Etat, l'autre à M. *Mo-
rand,* qui eut occasion de réunir cette première
planche à la sienne. Toutes les deux furent ache-
tées par le feu Duc de la *Vallière,* qui en orna sa
riche bibliothèque. On en a l'impression exacte dans
le catalogue des raretés de cette bibliothèque (1),
sous le n° 2179. Elles présentent le format *petit
in-4°*; la première a *vingt lignes*, la seconde n'en
a que *seize.* A l'inspection elles ne m'ont pas paru
d'une aussi haute antiquité qu'on les croit; j'en
juge par la perfection de la gravure et la régularité
du caractère, par la première lettre ou P majus-
cule, qui est ornée et embrasse quatre lignes; et
enfin par une signature (lettre C), qui est au bas
de la page de vingt lignes. Ainsi cette page serait
la première du troisième cahier du *Donat;* et il
nous reste à savoir si les cahiers de cette édition
étaient de *deux,* de *quatre*, de *six* ou de *huit*
feuillets. Il est encore vrai de dire que, si on n'était
pas certain que ces types sont fixes sur une planche
de bois, on aurait assez de peine à le deviner à
l'œil de la lettre, tant cette gravure est égale et
bien faite; mais il n'y a plus de doute sur cela. La

(1) *Paris, G. Debure*, 1783, 3 *vol. in-8°.*

seconde page n'a pas été gravée par le même artiste;
cependant la grosseur du caractère est conforme à
celle de la page que je viens de décrire; sa régularité est aussi parfaite, quoique les abbréviations y
soient moins fréquentes; mais la différence de ces
deux pages est notable pour un observateur exercé.

Ces deux planches sortent donc de deux éditions différentes, ou bien plusieurs artistes ont
travaillé sur la même édition ; peut-être aussi le
scribe qui peignit sur le bois les caractères avant
de les graver, ne fut-il pas le même pour les
deux planches. Il serait d'ailleurs assez extraordinaire que ces deux planches, acquises en des
tems différens, par des amateurs qui ne firent pas
les mêmes voyages, sortissent néanmoins du
même lieu. M. *Heyneken* a fort bien jugé le caractère : le point d'alinéa est quarré . ; au lieu du
point sur les *i*, c'est un trait allongé qu'on y
voit *i*; tandis que dans le Psautier de 1457,
dans les planches gravées d'*Albert Pfister*, le
point sur l'*i* est marqué par un trait recourbé *ī*.
Le trait d'union à la fin des lignes est double =
dans les deux fragmens, selon l'usage de ce
tems.

On croira difficilement que ces planches soient
les essais d'un art nouveau, car la main de ceux
qui les firent, était, à coup sûr, fort exercée à

8

la gravure en lettres sur le bois (1). Ce que dit M. *Debure*, dans sa note sur ces fragmens précieux, au sujet de la signature existante sur la page de vingt lignes, ne détruit nullement la date de l'introduction des signatures dans les livres, qui est très-postérieure à l'invention de l'imprimerie (2); et, puisqu'à son avis *P. Schoyffer* ne s'en servait pas, ou n'en fit usage que longtems après les autres imprimeurs, il en résulterait que cette page de *Donat* ne serait pas de lui, ou appartiendrait au tems auquel il employa les signatures pour distinguer les cahiers de ses livres. Encore moins serait-elle de notre *Guttenberg*, qui, sûrement, n'a pas connu l'usage des signatures.

Je ne dis pas néanmoins que *Guttenberg* n'ait jamais imprimé le *Donat*, ni même aucun ouvrage en planches fixes; car, à la rigueur, il se pourrait, comme le dit M. *Heyneken* (3), que

---

(1) L'exécution du *Theurdanck* prouve avec quelle perfection on peut graver la lettre sur le bois, quand ce caractère n'est pas trop menu. Ce qu'il y a de singulier, c'est que *Hans* ou *Jean Schonsperger*, graveur en bois, qui entreprit le *Theurdanck*, a fait aussi un *Donat*. Voyez *Mauroboni*, livre cité, p. 271, n° 9.

(2) L'abbé *Rive* la fixe à l'an 1473, dans sa *chasse aux Bibliographes*, t. I, p. 140, 141. M. *Marolles* l'établit à l'an 1474; tandis que l'abbé *Laire* assure que les imprimeurs de Spire et de Cologne s'en servirent ostensiblement en 1472, et ceux de Strasbourg en 1473.

(3) Au livre cité, p. 258.

tout en cherchant *les caractères mobiles de métal*, il eût imprimé par le moyen connu des planches de bois : mais, je le répète, il sera toujours extrêmement difficile de retrouver ses éditions.

La page de vingt lignes retrace assez bien la belle écriture de *Schoyffer*; mais s'il a exécuté ce livret, est-ce là sa première édition? C'est ce qu'on ne peut décider, si ce n'est par le caractère, en disant qu'il commença par la *lettre de forme*, et se servit ensuite de la *lettre de somme*, plus petite, et par conséquent plus économique. Il paraît constant néanmoins que *P. Schoyffer* a publié un *Donat*; car M. *Freytag* en cite une édition *in*-4°, sans date (1), portant le nom de *Jean Schoyffer*, son fils; *impressum Maguntiæ, per Joannem Schoyffer*: elle a vingt-sept feuillets, dont le premier commence par les mots rapportés ci-dessus. En outre les pages sont encadrées dans un passe-partout gravé en bois; ce qui n'est qu'un petit charlatanisme, propre à donner un air de nouveauté à un livre ancien. Il serait possible que ce *Donat* de *Jean Schoyffer* eût été gravé en bois, et qu'il offrît les mêmes planches dont se servit son père pendant sa so-

_____

(1) *Analecta litteraria*, p. 295.

ciété même avec *Guttenberg* et *Fust*. Il devient donc important, pour éclaircir cette conjecture, de comparer le *Donat* de *Jean Schoyffer* avec les deux planches du catalogue des raretés de la bibliothèque de *la Vallière*, ou avec d'autres fragmens conservés par M. de *Méerman* dans ses *Origines typographiques*. On sait que le Psautier de 1457 a reparu trois fois depuis dans cette imprimerie; la même chose a pu arriver pour le *Donat*, livre classique. Ma conjecture a donc quelque probabilité; mais je ne suis pas placé pour faire la comparaison indiquée, ne sachant où trouver en France le *Donat* de *J. Schoeffer*.

IV. La seconde édition du *Donat*, attribuée à *Guttenberg*, est, de même que la première, de format *in-4°*, en petits caractères gothiques de missels, et contient vingt-huit pages, selon l'abbé *Mauroboni* (1). On a dit qu'elle était l'originale, et le premier essai de l'art tenté par *Guttenberg* à Strasbourg, dans les années 1436 à 1439. Mais ces conjectures n'ont aucun appui solide; et il n'est pas à croire qu'on ait exécuté d'abord en petits caractères ce qu'on fit ensuite en plus gros; car,

_____

(1) *Biblioteca portatile*, t, II, p. 270, n° 2. Il n'y aurait qu'un feuillet de différence entre le *Donat* de *J. Schoeffer* et celui-ci.

selon moi , on commença par de gros caractères,
pour se réduire à de plus petits. Telle a été la
marche de cet art, telle fut celle de *P. Schoyffer*
même : elle se dévoile par sa *Bible latine sans
date*, par le *Psautier* de 1457 , par le *Durandi
rationale* de 1459, et la *Bible latine*, datée de
1462 , etc.

V. Ces essais n'étaient-ils pas suffisans pour
que *Guttenberg* osât se livrer à des entreprises
plus vastes ? Ne faut-il pas placer ici la fameuse
Bible sans date imprimée, dit-on, vers 1450 ou
1452 , et que *Fust* voulut vendre pour manuscrite ? On ne peut guères douter de l'existence
d'une telle *Bible*, exécutée en gros caractères de
missels, ou plutôt en *lettres de forme*, dans les
années indiquées ; car une allégation contraire
démentirait le témoignage de quatre personnages
contemporains qui le certifient; savoir : *J. Trithème*, qui s'appuie des révélations de *Pierre
Schoyffer*, l'un des inventeurs de l'art; l'auteur
de la *Chronique de Cologne*, qui a copié, dit-on,
ce récit d'*Ulrich Zell* de Hanau , artiste contemporain de l'invention, et que l'on a cru être
sorti de l'école de *Guttenberg*. Mais il existe
encore ici le même embarras que pour les *Donats*. D'une part , cette *Bible* sans date devait

avoir été terminée avant le procès qui s'éleva en
1455 entre *Guttenberg* et *Fust*, son associé;
l'exécution d'un si gros livre avait dû établir
solidement la confiance de celui-ci pour *Guttenberg*, au lieu de le conduire à un procès avec
lui. De l'autre part, on ne reconnaîtra qu'avec
peine la *Bible* imprimée par *Guttenberg* et *Fust*
dans le nombre des anciennes *Bibles* latines,
sans date, qui se sont retrouvées, et que chaque
propriétaire, chaque historien, veut faire passer
pour la *Bible* originale qui nous occupe; car on
compte au moins six *Bibles* latines sans date,
d'une haute antiquité, qui balancent les opinions,
et dont quelques-unes en effet sont en gros caractères de missel (1).

1° Celle que M. *Schelhorn* a décrite dans une
dissertation particulière, et dans sa huitième observation sur l'ouvrage de *Quirini de optimor.
Scriptorum editionibus romanis;* Lindaugiæ,
1761, *in-4°*, pag. 61 et suiv. Elle a trente-six
lignes à chaque colonne.

2° Celle qui existait chez les Bénédictins hors
des murs de Mayence. Les neuf premières pages

_____

(1) M. *Mauroboni* annonce 12 Bibles latines sans date, dans le
Biblioteca portatile, t. I, p. 245 à 249. Et M. *Daunou* porte ce
nombre à quinze : *Analyse des opinions sur l'origine de l'imprimerie*,
p. 23, note 3e.

ont quarante lignes, la dixième en a quarante-une, et l'on en trouve quarante-deux aux suivantes. Cette incertitude dans la pagination, annonce un essai, une entreprise mal réglée dans son commencement. Elle est, dit-on, en gros caractères de missel, pareils à ceux du *Psautier* de 1457, mais un peu moins forts. M. de *Méerman* croit cette *Bible* sans date la première de toutes. On la retrouve dans la bibliothèque du roi de Prusse à Berlin, dans celle de M. *Rebdorf*; à Paris à la bibliothèque Mazarine, et dans celle impériale (1).

3º Celle des Chartreux près de Mayence, et au-delà des murs de cette ville.

4º Celle de l'académie de Jena, près de Weimar en Saxe.

5º Celle de la bibliothèque Mazarine, à Paris, portant quarante-cinq lignes à chaque colonne. Cette bibliothèque possède aussi la *Bible* du nº 2.

6º Enfin, celle de M. *Gaignat*, indiquée au catalogue de son cabinet, nº 16; elle a passé dans celui de M. de *Macarthy* de Toulouse. Chaque

(1) On prétend même qu'il y en a deux exemplaires sur l'un desquels il existe une note manuscrite, disant que cet exemplaire a été *enluminé et relié* en 1456; ce que j'emprunte de M. *Daunou*, livre cité, p. 22. Mais de pareilles notes mises par fois par d'habiles maquignons, ne sont pas toujours très-sûres.

colonne porte quarante-deux lignes, et le caractère en est moins gros que celui de la *Bible* n° 1er.

On voit que je ne comprends pas dans ce nombre la *Bible* décrite par M. l'abbé *Sallier* (1), et existante dans la bibliothèque impériale à Paris; ni celle du baron d'*Uffenbach*, dont M. de *Boze* fit emplète après sa mort, parce que ces *Bibles* ont paru plus modernes que les précédentes. Au milieu de tant de monumens qui appartiennent à l'origine de l'imprimerie, on resterait incertain de savoir comment reconnaître le plus ancien, s'il n'était besoin de se créer des règles pour sortir de cette incertitude. M. l'abbé *Rive*, autrefois bibliothécaire du feu Duc de *la Vallière*, a tâché d'en donner une que je vais rapporter (2). « Dans » toutes ces *Bibles* sans date, dit-il, je n'en ré- » clame pour *Fust* et *Schoyffer* (pourquoi ne » leur adjoint-il pas *Guttenberg* ?) qu'une seule. » Pour trouver celle qui leur appartient, *il ne* » *faut que bien vérifier et comparer le caractère,* » *la ponctuation, l'accentuation, les abrévia-*

---

(1) *Mémoires de l'Académie des Inscriptions*, t. XIV, p. 238 et suiv. — M. de *Méermann* croit que cette Bible est de *Jean Bamler de Augsbourg.*

(2) *Chasse aux Bibliographes*, t. I, p. 114, où il attaque sans pitié ce pauvre père *Lelong* qui ne pouvait lui répondre.

» *tions, les lettres* fondues ensemble (1), *avec*
» *les caractères du Psautier de* 1457 *; et alors*
» *on pourra croire que celle qui aura le plus*
» *d'identité avec ce Psautier, sera la Bible*
» *vendue comme manuscrite*, parce que, jus-
» qu'en 1457, les premiers imprimeurs firent un
» secret de leur art. » Cette règle a bien une
certaine justesse, mais il paraît qu'il existe aussi
une *Bible latine sans date, sans titre*, en deux
volumes grand *in-folio*, imprimée *avec le petit
caractère de missels;* cette édition est décrite
dans le *Bibliotheca Rebdorfiana* (2), et l'essai
de caractères que l'on y a fait graver, ressemble
à celui du *Donat* (3), dont les planches sont imprimées dans le catalogue de *la Vallière*, de 1783.
Cette édition ne pourrait-elle pas aussi avoir été
faite par *Guttenberg* depuis la rupture de sa société avec *Fust?* D'autres la croient antérieure
même à cette époque, et faite à *Russembourg*,
petite ville voisine de Strasbourg, où l'on prétend
que *Guttenberg* continua ses travaux avant de

---

(1) Donc l'abbé *Rive* a pensé que cette Bible avait été exécutée
avec des lettres fondues dans des matrices et non sculptées sur le
métal, et il faisait remonter l'invention des matrices à l'an 1450,
ou plus anciennement encore.

(2) *Eichstadii*, 1787, in-4°.

(3) *Mauroboni, Biblioteca portatile*, t. I, p. 245, n° 2.

retourner à Mayence (1). Au milieu de tant d'opinions divergentes, qui ne donnent aucune preuve fixe, et tandis que *David Clément* soutient de son côté (2) que la *Bible* latine de 1462 est la seule et la première qui ait été imprimée par *Fust* et *Schoyffer*, il faut entendre ce que diront M. *Breitkopf*, savant imprimeur à Berlin (3), et M. *Camus*, qui s'occupe de l'*Examen des Bibles latines, sans date, imprimées de* 1450 *à* 1500 (4); travail difficile et minutieux, qu'on ne peut compléter qu'au milieu des monumens qu'il faut discuter, et dont je souhaite qu'il sorte avec avantage, car dans les arts et dans les sciences, le doute et l'incertitude ne sont d'aucune utilité pour leurs progrès.

Quant à moi, j'avoue franchement que je n'y vois pas encore assez clair pour me décider. M. l'abbé *Laire*, autrefois bibliothécaire de M. le

_____

(1) Ce fait me semble fort difficile à prouver, puisque la présence de *Guttenberg* à Mayence est constante depuis l'an 1444.

(2) *Bibliothèque curieuse*, t. IVe, article *Bibles latines.*

(3) M. *Heyneken* promet un ouvrage de cet artiste *sur l'origine et l'art de l'imprimerie, son mécanisme*, etc. — Voyez *l'idée d'une collection d'estampes*, p. 252, 262 et 272. Cet ouvrage doit avoir paru depuis 1771, mais je ne l'ai pas.

(4) *Voyez* sa *Notice d'un livre imprimé à Bamberg*, en 1462; *Paris*, *Baudouin*, an VII, *grand in-4o, fig.;* page 2e, note 1re. Ce savant vient de mourir, mais il a des héritiers qui ne laisseront pas périr ses grands travaux.

cardinal de *Brienne*, ayant sous les yeux deux Bibles latines sans date, l'une semblable à la Bible mazarine, l'autre à celle décrite par M. *Debure* dans sa *Bibliographie*, n° 25 (1), n'osa pas prononcer alors si l'impression en est due à *Guttenberg*, à *Fust*, ou à *Schoyffer*; et cette rare prudence doit être imitée, jusqu'à ce que des examens approfondis, des actes, des monumens retrouvés nous mettent à même de fixer invariablement quelle est la première de toutes ces Bibles. Déjà l'on commence à dire que la Bible sans date imprimée en gros caractères de missels, ou *lettres de forme*, a été exécutée par *Albert Pfister* à *Bamberg*, en 1462 (2). Les productions de cet artiste inconnu il y a trente ans se découvrent peu à peu; il ne faudrait donc pas s'étonner si quelque jour il était prouvé que cette Bible a été imprimée *en planches de bois*, puisque *Pfister* était un véritable *xylographe*, annoncé pour tel par M. *Camus*.

VI. *Modus confitendi* : huit feuillets *in*-4°. M. *Panzer* (3) dit que ce livre doit être un des

---

(1) *Index librorum à Typographia inventa ad ann.* 1500, t. I, p. 10, 11.

(2) *Panzer Annales typ.*, t. IV, p. 364.

(3) *Annales typ.*, t. IX, p. 255, 256, où il parle de quelques livres sans date.

premiers essais de *Fust* et *Schoyffer en caractères fondus*, sans doute avant qu'ils eussent
quitté *Guttenberg*, qui leur donna les premières
idées de l'art d'imprimer. L'encre qui servit à
exécuter ce livre est de *couleur variable et mauvaise* (1). On ne trouve dans l'ouvrage dont il
s'agit en ce moment d'autre ponctuation que le
point. Il est du genre de ceux sur lesquels on peut
faire un essai, il faut le comparer et le réunir au
suivant.

VII. *Confessio generalis brevis et utilis tam
confessori quam confitenti*. A la fin on lit ces
mots : *Explicit confessio generalis*. C'est, dit le
même M. *Panzer* (2), un *in-4°* imprimé en *caractères gothiques mobiles et inégaux*, et qu'on
peut regarder comme un des essais de *Guttenberg* et *Fust*, d'après un témoignage de *Marie-
Ange Accurse*, qui nous a été conservé par
Angelo Rocca (3).... Il nous dit que le *Donat*,
les *Confessionalia*, au nombre desquels il *faut*
peut-être comprendre le *Modus confitendi*, cité
ci-dessus, sont les premiers livres imprimés par

_____

(1) Ce serait une indication qu'il ne sort pas de leur fabrique , car
l'encre de nos inventeurs fut toujours tenace, fort noire et brillante.
(2) *Ibid.*, t. II , p. 167 , n° 98 des Anonymes.
(3) *Appendix ad Bibliothecam Vaticanam editionis romanæ* 1591 ,
p. 410.

Fust et *Schoyffer* en 1450 (1), et que probablement ils ont pris l'idée de ces éditions, du *Donat*
imprimé d'abord en Hollande par le moyen de
planches gravées. Il est à remarquer qu'*Accurse*
donne pour une probabilité ce que M. de *Méerman* a voulu convertir *en certitude*; qu'en outre
le même *Accurse* ne prétend pas que ces ouvrages
ayent été gravés *en planches de bois*, mais imprimés *typis æreis vel plumbeis*, dont *Fust* et
Schoyffer ont été les inventeurs (2). M. *Panzer*
vient au secours de cette opinion, lorsqu'il dit que
ces livres sont exécutés en caractères *mobiles*,
mais inégaux. Il est à croire néanmoins que *Guttenberg*, qui, malgré le silence d'*Accurse* sur son
compte, coopéra sûrement à ces éditions, connaissait parfaitement en 1450 l'usage des caractères mobiles, leur régularisation, et la composition
de l'encre pour imprimer, et que ces éditions ne
sont pas de lui, ou doivent être un peu antérieures
à l'an 1450.

VIII. *Litteræ indulgentiarum Nicolai V Pon-
tificis Maximi, pro regno Cypri....* On lit à la

---

(1) On ne peut croire que *Schoyffer* ait été l'associé de *Fust* en ce
moment, car il était encore à Paris en 1449. Voyez *Schoepflini vindiciæ typogr.; specimen septimum.*

(2) Ou plutôt qu'ils ont perfectionnés.

fin, *Datum Erffurdiœ sub anno Domini* 1454 ,
*diè vero quinta decima mensis novembris; in-
folio*... Livre peu volumineux, dont je ne parle
que comme un des derniers ouvrages auxquels
Guttenberg ait pris part lors de ses liaisons avec
Fust et *Schoyffer*. Il est la preuve que les souve-
rains se servant alors de la voie de l'impression
pour manifester leur volonté, l'art n'était plus
inconnu et avait mérité leur protection. Cet opuscule qui contient une exhortation du pape *Nicolas V* à tous les princes de l'Europe, sur la nécessité de se liguer contre les Turcs qui venaient de
s'emparer de Constantinople et menaçaient l'Italie,
fut découvert par le célèbre *Schelhorn*, prévôt
de l'église de Memmingen; il en a donné la description dans un livre allemand, peu connu en
France, mais dont parle M. *Heineken* (1). L'exemplaire du docte *Schelhorn* passa depuis dans les
mains de M. *Méerman ,* et il s'en est retrouvé un
autre depuis par M. *Gebhardi ,* professeur de
l'académie équestre de Lunebourg. Cet exemplaire
est plus complet que le premier (2); on y avait

---

(1) Livre cité, p. 261.

(2) On en a la description dans les *Analecta medii œvi* de M. *Hœ-
berlin ; Nuremb.* et *Lipsiœ,* 1764. M. *Daunou* disait en l'an XI, que
l'on connaissait alors *quatre* exemplaires de cet écrit; livre cité, p. 22
en note.

substitué à la main l'année 1455 à l'an 1454, de
manière cependant que la date ancienne pouvait
être reconnue. On ne peut croire en effet que ces
lettres d'indulgence datées du 15 novembre 1454,
aient pu voir le jour avant le commencement de
1455 : et comme elles sont imprimées avec les
caractères qui ont servi pour le *Durandi rationale* de 1459 (1), il est permis de conjecturer
que les imprimeurs ont essayé ce caractère par la
publication de l'opuscule dont nous parlons maintenant.

IX. *Statuta Provincialia antiqua et nova Moguntina; antiqua* PETRI, *ab anno* 1310; *nova*
THEODORICI *ab anno* 1451. *Petit in-folio,* ou *grand
in-4°,* comprenant 50 feuillets en caractères gothiques. Il paraît que ces derniers statuts sont ceux
de *Thierri de* ERPACH, archevêque de Mayence,

---

(1) Panzer. *Annales typogr.*, f. II, p. 136. On annonce dans
le 41e n° des *Archives littéraires*, publié en juin 1807, qu'il a été
découvert dans la Bibliothèque royale de Munich, une *sommation à
tous les états de la chrétienté de se mettre en campagne contre les
Turcs*, écrite *en vers allemands*, à la fin de l'année 1454 : ce petit
ouvrage ne contient que *neuf pages in-4°* imprimées avec des caractères mobiles de bois. On voit que ce livret précieux fut publié à
l'appui des *litteræ indulgentiarum* dont je parle, et qu'il a dû sortir
des mêmes presses que celles-ci. Voyez le *Publiciste* du 5 juin 1807,
et le *Courier de l'Europe* du 20 avril 1810, n° 1032.

décédé en 1459. Cette édition me confirme dans
l'idée que les électeurs de Mayence connaissant
déjà l'utilité de l'art typographique pour la prompte
publication de leurs décrets, en faisaient usage
dans leur administration. On attribue ce volume
à *Guttenberg*, qui, en sa qualité d'inventeur et de
gentilhomme, obtint sans doute la confiance de
l'archevêque ou du chapitre de Mayence préféra-
blement à *Fust* et *Schoyffer* ses rivaux. C'est un
des services rendus à l'archevêque et au chapitre
de Mayence, indiqués dans la patente de l'emploi
qu'il obtint en 1465 à la cour du nouvel électeur.
A coup sûr cette édition est un peu antérieure à
l'an 1459, époque de la mort de *Thierry* de Erpach. Je ne l'ai point vue, mais elle m'est indiquée
par M. *Méerman* (1) et par M. *Panzer* sans description (2). Cependant un tel ouvrage mérite
d'être examiné et décrit avec beaucoup d'atten-
tion (3) pour en tirer quelques lumières sur le

---

(1) *Origines typog.*, t. I, p. 139.

(2) *Annales typogr.*, t. II, p. 137, n° 91. Il en existait un exemplaire dans la Bibliothèque des Bénédictins, près de Mayence.

(3) Suivant M. *Daunou* (*Analyse des opinions sur l'origine de
l'imprimerie*, p. 133 en note), M. *Fischer*, auteur de l'*Essai sur les
monumens typographiques de Guttenberg*, prétend que ce livre a été
imprimé en Italie vers 1480, et en conséquence ne porte point ce
volume au nombre des productions de l'imprimerie de cet inventeur.
Les raisons qu'il allègue à ce sujet ayant été solidement réfutées par

tems de sa publication, sur les caractères qui y furent employés, et pour savoir aussi de quelle année sont les derniers décrets qu'il contient; car je ne puis croire que ceux de *Thierry* d'Isembourg y soient compris.

X. *Sancti* Thomæ de Aquino *Summa de articulis fidei, et Ecclesiæ sacramentis.* Volume in-4° sans date, sans nom de lieu ni d'imprimeur, ayant treize feuillets, dont la plupart ont trente-quatre lignes à la page (1). Il est imprimé avec le même caractère que le *Catholicon* de 1460, et

M. *Daunou*, dont le sentiment, joint à celui de MM. de *Méerman* et *Panzer,* est de quelque poids : je crois n'y devoir rien ajouter, si ce n'est que je ne découvre aucun motif pour que cet ouvrage, qui appartient essentiellement au régime ecclésiastique d'une église très-célèbre d'Allemagne, ait été imprimé en Italie ; mais que l'archevêque de Mayence qui avait fait des Statuts particuliers en 1451, et depuis pour le ressort de son église, statuts dont il fit un corps de doctrine en les ajoutant à ceux déjà rendus par ses prédécesseurs, avait un intérêt réel de les faire imprimer sous ses yeux, lui qui possédait à Mayence, privativement à toute autre ville, des artistes qui avaient trouvé le moyen de multiplier les copies des actes administratifs plus vite que les écrivains, et que par suite de cette découverte il fallait encourager. Au reste, d'après les troubles qui ont existé à Mayence pour l'élection du successeur de l'archevêque *Thierry* de Erpach, il parait évident que si ces Statuts n'ont pas été publiés par lui-même, au moins le furent-ils à cause de sa mort et du vivant de *Guttenberg.*

(1) Panzer. *Annales typogr.,* t. II, p. 137, n° 90.

l'on en pourrait inférer que ce petit ouvrage,
comme le suivant, a été l'essai du gros livre
dont je viens de parler. Il est évident qu'un tel
livret est fort propre à servir d'essai, puisqu'il
renferme en quelque sorte un Catéchisme, un
Abrégé de la religion et de la Théologie, susceptible de quelque débit. On croit que *Schoyffer*
l'ancien a imité cette édition, sans oser avouer la
sienne; du moins celle-ci existait dans la bibliothèque de feu M. le cardinal de *Brienne*, et l'abbé
Laire, son bibliothécaire, la décrit ainsi (1) :
*c'est un petit in-4° sans date, ayant quatorze
feuillets, dont la dernière page a vingt-sept
lignes.* Selon lui cette édition a été imprimée *avec
le petit caractère dont Pierre Schoyffer se servait à Mayence en* 1467 (2). On voit que l'édition

_____

(1) Au livre déjà cité, t. II, p. 260, n° 1.

(2) L'abbé *Rive*, dans sa *Chasse aux Bibliographes*, t. I, p. 102 à
104, cite deux livrets de *saint Augustin*, ou *Fastidius de vita Chris-
tiana*, et *de veræ vitæ cognitione*, imprimés sans date avec les caractères du *Rationale*, 1459, et qu'il regarde comme des essais de ce
caractère; mais je crois qu'il se trompe, parce que le format petit
in-4° n'était pas alors employé par *P. Schoyffer*, qui l'a emprunté
d'*Ulric Zell*, imprimeur à Cologne, dont on a beaucoup d'éditions sans date dans ce format, toutes imprimées vers 1467. Voyez
Prosper Marchand, Hist. de l'imprimerie, 1re partie, p. 46. — *Laire,
Index libror. à Typographia inventa ad ann.* 1500; le *Catalogue
de la Vallière* de 1783.

de *Schoyffer* a un feuillet de plus que celle attribuée
à l'imprimeur du *Catholicon*, et peut-être des
lignes de moins à chaque page.

XI. *Magistri* MATTHÆI DE CRACOVIA *Tractatus,
seu Dialogus racionis et conscientiæ de sump-
cione pabuli salutiferi corporis Domini nostri
Ihesu-Christi.* — Ce titre se trouve à la fin, et
l'ouvrage commence par ces mots : (*M*) *ultorum
tam clericorum quam laicorum querela est non
modica*, etc. Ce volume, de format *in-4°*, est imprimé en caractères semblables à ceux qui ont
servi pour le *Catholicon* de l'an 1460; il a *vingt-
deux feuillets* de trente lignes à la page; on le
regarde comme un second essai de ce même caractère. Cette instruction, en forme de dialogue sur
la communion, était susceptible de débit et assez
bien choisie pour un essai.

Prosper Marchand a possédé ce livre qu'il
attribue aux presses de *Fust* et *Schoyffer,* parce
qu'il s'était faussement persuadé qu'il n'y avait pas
à Mayence d'autre imprimerie que la leur, et par
la même raison il accorde aux mêmes imprimeurs
l'édition du *Catholicon* de 1460.

J'ai déjà démontré le contraire dans la seconde
partie de l'éloge de *Guttenberg,* et quelques

bibliographes postérieurs à *Prosper Marchand* (1),
sont maintenant convaincus que dès l'origine de
l'art il y avait à Mayence deux imprimeries bien
distinctes, celle de *Guttenberg* et celle de *Fust*
et *Schoyffer* ses rivaux. L'abbé - *Rive* (2) en
fait connaître une troisième sous le nom de
Lystryrchen, qui n'a pas été mentionnée par
Maittaire. Cet imprimeur employait un caractère semblable à celui du *Durandi rationale* de
l'an 1459, et l'abbé *Laire* nous produit encore
Erhard de Reuwick en 1486, *Jacques de Mey-*
denbach en 1491, et un anonyme en 1489, outre
les frères *Bechtermuntzé* (3). *Maittaire* a parlé
d'*Erhard* de Reuwick et de *J. de Meydenbach*.

XII. *Nous voici parvenus* au fameux Catholicon Johannis (*Balbi*) Januensis, daté de *Mayence*
de l'an 1460, sans nom d'imprimeur; *gros in-fol.*
qui se partage en deux volumes. J'en ai rapporté
ci-dessus la souscription, avec les raisons que l'on
a de croire que ce livre a été imprimé par les soins
et sous les yeux de *Jean Guttenberg* : il est donc
inutile de répéter ici ce que j'ai déjà établi plus

(1) *Schwarzius*, *Méerman*, *Panzer*, *Wurdtwein* et l'abbé *Laire*.
(2) Livre cité, t. 1er, p. 49.
(3) *Index librorum* déjà cité, t. II, p. 95 et 125.

haut. Je ne m'amuserai pas non plus à réfuter
Prosper Marchand, qui a cru que cette édition
était la *seconde* en caractères de fonte, et qui
en compte trois jusqu'en 1460, en comprenant la
soi-disant *première faite en planches fixes de
bois* (1), comme si on avait pu exécuter un si gros
livre avec un tel moyen (2), ou le réimprimer
trois fois en si peu de tems par des procédés fort
différens. En effet, il n'y a pas à douter que si
l'ouvrage complet avait été exécuté en planches de
bois par un seul imprimeur, celui-ci ne l'eût quelquefois reproduit avec les mêmes planches, puisqu'elles étaient faites. Au lieu de cela *Guttenberg*
l'imprime en 1460 avec des caractères de fonte,
dont il développe au même instant le procédé,
parce qu'il sentait bien qu'on ne pouvait plus le
tenir secret; et parce que ses rivaux, tout en parlant,
depuis 1457, d'un *procédé ingénieux servant à
l'impression des livres*, s'obstinaient à ne pas le
révéler.

(1) *Hist. de l'Imprimerie*, Ire partie, p. 36 et suiv. Une édition
sans date du *Catholicon* a été reconnue pour appartenir à *Jean
Mentel*, de Strasbourg. C'est celle que *Pr. Marchand* regardait
comme la première *en caractères de métal.*

(2) Si néanmoins une Bible latine, sans date, avait été imprimée
par *Albert Pfister* en planches fixes, cet argument n'aurait plus
de force.

Cette édition, qui n'a pas sa pareille (aucune de ce tems ne se ressemble) est donc constamment la première avec une date ostensible et aussi la première de toutes; car, avant moi, MM. *Beaulacre, Méerman* et l'abbé de *Saint-Léger* (1), ont réfuté victorieusement *Prosper Marchand* au sujet de ces trois éditions consécutives faites par *Guttenberg, Fust* et *Schoyffer.*

On trouve la description de ce rare volume dans la *Bibliographie de M.* Debure *le jeune*, t. III, n°2276. La fameuse souscription de ce livre, rapportée plus haut, est empruntée dans quelques points du Psautier de 1457, et *Schoyffer*, à son tour, prit aussi quelques phrases de celle du *Catholicon*, pour composer la souscription de *Clementis V Constitutiones, in-folio, Moguntiæ*, 1467, publiées le 8 d'octobre; et comme il ne l'avait pas fait jusqu'alors, il est à croire qu'à cette époque *Guttenberg* venait de mourir. Ses successeurs *Henri* et *Nicolas Bechtermunzé* ont ajouté à leurs éditions une souscription à peu près conforme à celle du *Catholicon*, et sur-tout les vers remarquables *Hinc tibi Sancte Pater*, etc. Ce qui an-

---

(1) *Origines typogr.*, t. II, p. 95, note (g). — *Supplément à l'hist. de l'imprimerie; Paris*, 1775, in-4°. p. 19, 20. — *Bibliothèque germanique*, t. 9, pages 89, 378, et tome X, p. 450.

nonce que tous ces livres sortent d'une même imprimerie. M. *Mauroboni* s'est trompé (1) en marquant une édition du *Catholicon* faite en 1467 *in Altavilla*, 2 *vol. in-folio.* Le père *Laire* qu'il cite, ne parle que du *Vocabularium Latino-Teutonicum*, imprimé dans cette année à *Eltwil*, format *in-4°* (2).

XIII. *Apologia* Dietherici Isenburgici *Archiepiscopi Moguntini, adversus* Adolphum *Comitem Nassovium.* — Factum de deux feuillets ou quatre pages *in-folio* (3), publié en allemand, et aussi en latin, sans nom d'imprimeur, sans date ni indication de lieu. Il nous est annoncé dans un ouvrage sur les troubles de Mayence (manuscrit, mais composé dans le quinzième siècle), comme ayant été imprimé par notre *Guttenberg* vers l'an 1462. *Christophe Lehmann* en parle de même (4), et ajoute qu'il a été adressé au Sénat de Spire le mardi après le dimanche *Lœtare* de l'an 1462. *Schwartz* assure avoir vu un exemplaire de ce Factum, dont l'existence est constatée d'une ma-

---

(1) *Biblioteca portatile degli autori classici*, t. II, p. 351 et 352.

(2) *Index librorum ad ann.* 1500, in-8°, t. I, p. 59.

(3) M. *Oberlin* dit en 4 feuilles *in-fol.* sans date.

(4) *Chronicon Spirense, libro VII*, c. 105, p. 937.

nière non équivoque. (1) J'ai dit dans ma seconde
partie, que je doutais que *Guttenberg* eût fait cette
impression, parce qu'il m'a semblé dévoué au
parti d'*Adolphe* de Nassau qui devint son bien-
faiteur. Néanmoins *Thierry* d'Isembourg était
encore archevêque de Mayence en 1462; et comme
la liaison de *Guttenberg* avec le successeur de
celui-ci, ne nous est dévoilée qu'en 1465, il est
possible que cette édition lui appartienne. Il fau-
dra cependant vérifier de quelle imprimerie de
Mayence a pu sortir le caractère qui a servi à
l'impression du Factum dont je parle, et s'il ressemble à celui des *Statuta Moguntina*, cités au
n° IX ci-dessus.

Tout le monde sait que les troubles qui ont
affligé Mayence, ont empêché les inventeurs de
l'art typographique de continuer leurs travaux
depuis l'an 1462 jusqu'en 1465. C'est à la fin de
cette année seulement que *Fust* et *Schoyffer*
reparaissent dans la carrière et publient le *Boni-
facii Sextus decretalium*, daté du 17 décembre;
le *Ciceronis Officia et Paradoxa*, sans indication du mois où il vit le jour, mais reproduit en
1466 sous la date du 4 février : ouvrages qu'ils ne

---

(1) *Primaria documenta artis typogr.*, partie II, p. 13 et suiv. La
date de l'envoi au Sénat de Spire peut se placer en mars; ainsi l'impression a précédé cette époque de quelques semaines.

mirent sous presse qu'après la cessation des hosti-
lités et l'établissement définitif d'*Adolphe* de Nassau dans l'électorat et l'archevêché de cette ville.
Cette nouvelle contrariété qu'éprouva *Guttenberg*.
au moment où il se livrait à de grandes entreprises, a pu le dégoûter d'un art qui fleurit en
tems de paix et languit pendant la guerre. Aussi
l'on retrouve peu de livres qu'on puisse attribuer
à son imprimerie depuis l'an 1462. M. l'abbé
Mauroboni, assez bon connaisseur en antiquités
bibliographiques, nous assure toutefois d'une
manière positive (1), que l'ouvrage suivant est
imprimé avec les caractères du *Catholicon* de
l'an 1460. M. *Panzer* est aussi de cet avis (2),
auquel on peut se rallier, d'autant mieux que le
nom de *Fust* ne paraît pas sur cette édition, et
qu'il alla en cette année 1466 à Paris (3), où il
paraît être décédé, tandis que *Guttenberg* con-

---

(1) *Biblioteca portatile degli autori classici*, t. II, p. 347.

(2) *Annales typog.*, t. II. — M. *Laire* dit néanmoins que le caractère de ce livre est celui dont *Fust* fit usage en 1465, ce qui est un
peu différent.

(3) On a la preuve qu'il y était au mois de juillet de cette année.
Voyez la *Bibliothèque curieuse de David Clément*, t. IV, p. 87. Il y
vendit des exemplaires de sa Bible comme manuscrits. On prétend
même qu'il y mourut de la peste qui régnait alors à Paris, ce qui
n'est pas aussi bien prouvé.

tinua d'exister jusqu'au huitième mois de l'an 1467,
comme on l'a dit plus haut.

XIV. *Grammatica rythmica;* petit *in-folio* de
onze feuillets, avec une date allégorique (de 1466)
qu'il faut deviner dans ces vers aussi obscurs que
la Grammaire dont il s'agit ici :

> *Actis ter deni jubilaminis octo bis annis,*
> MOGONTIA *Rheni me condit et imprimit amnis ;*
> *Hinc* NAZARENI *sonet oda per ora* JOANNIS ;
> *Namque sereni luminis est scaturigo perennis.*

On comprend que le trentième jubilé commence
à l'an 1450, et que les seize ans (*octo bis*) qu'il y
faut ajouter, donnent précisément l'an 1466. On
découvre ensuite par les mêmes vers que cette
impression est datée de *Mayence;* mais ce qu'on
n'y voit pas, c'est le nom de l'imprimeur, car le
vers,

> *Hinc* NAZARENI *sonet oda per ora* JOANNIS,

se rapporte visiblement au nom de l'auteur qui le
composa. Par ce mot *Nazareni*, il s'est déguisé
sous une dénomination pseudonyme ou de profession religieuse, qui se rapporte à l'ordre du
mont Carmel ou de Saint-François. On assure que
l'auteur de cette grammaire est un religieux allemand, ce qui rentre pour quelque chose dans ma

conjecture. Je croirais aussi que cet auteur, à qui l'on doit les *Rudimenta grammaticæ* de l'an 1468, a composé les vers qui se lisent à la fin des *Institutiones Justiniani; Moguntiæ*, P. Schoyffer, *anno* 1468, *in-fol.*, dont le premier est ainsi construit :

Scema tabernaculi Moises Salomonque templi, etc.

Il appelle les premiers inventeurs des caractères fondus *protocharagmaticos*, et nomme les caractères *charagma*, expression que l'on retrouve dans la souscription des *Rudimenta grammaticæ* dont je viens de parler, ainsi que sa manière bizarre de dater (1).

At Moguntina SUM FUSUS *in urbe libellus,*
Meque Domus genuit undè CHARAGMA *venit,*
Ter seno sed in anno ter deni Jubilei,
Mundi post columen, qui benedictus, Amen.

Cette seconde édition du *Grammatica rythmica* étant fixée par les vers ci-dessus à l'an 1468, n'appartient plus à *Guttenberg*, mais plutôt à son

_____

(1) Ce rare volume en deux parties, est décrit dans le *Catalogue Gaignat*, n° 1398. — Et dans l'*Index* du père *Laire* déjà cité, t. I, p. 66, n° 2. Il est à remarquer que cet auteur connaissait parfaitement les inventeurs de l'art typographique. La preuve en est dans la souscription des *Institutes de Justinien*, rapportée par M. de *Méerman, Origines typogr.*, t. II, p. 100, et dans celle des *Rudimenta*, dont je produis des fragmens.

successeur. L'aveu *sum fusus*, toujours refusé par *Fust* et *Schoyffer*, et donné par *Guttenberg* dès l'an 1460, prouve aussi que cette édition sort de l'atelier créé par celui-ci. On est confirmé dans cette idée par ce vers :

Meque Domus *genuit* unde Charagma venit :

car ici le poëte prenant la partie pour le tout, parle du *caractère* au lieu de l'*imprimerie*, et semble dire que ce livre a été imprimé dans la maison dite l'*Imprimerie*, ou *Zum-Jungen*, appartenante à des parens de *Guttenberg*, et où il demeura lui-même depuis 1444. Le nom de *Mayence*, consigné dans cette souscription, ne fait rien contre cette idée, parce que, si une portion de l'imprimerie de *Guttenberg* existait alors à Eltwil, lieu du séjour de l'électeur, il n'en est pas moins vrai que ce bourg est fort près de Mayence ; que le privilège accordé par l'électeur à *Guttenberg*, suppose qu'il demeurait à Mayence, et que *Conrad Humery*, qui fut propriétaire du mobilier typographique de *Guttenberg* après sa mort, était syndic à Mayence, et sûrement y demeurait. D'autres raisons déterminent en outre à croire que cette édition n'est pas de *Schoyffer*; la première est qu'il ne s'y nomme pas ; la seconde est qu'il ne l'a pas avouée en y plaçant son écusson, comme

il le fit pour certaines éditions sans date; la troisième, c'est que, dans l'année 1468, *Schoyffer*,
occupé de travaux plus importans, publia le 24
de mai les *Institutiones Justiniani, cum glossa,
grand in-folio,* après avoir fini, le 18 octobre de
l'an 1467, le *Clementis V opus constitutionum,
in-folio.* Or il est probable que ces grandes entreprises ne permettaient pas à cet habile ouvrier de
se livrer à de petites comme le *Grammatica rythmica,* et le *Rudimenta grammaticæ,* dont *Guttenberg, Humery* et les frères *Bechtermuntzé*
avaient réellement besoin pour accompagner le
Vocabularium latino-teutonicum, que ceux-ci
ont imprimé trois ou quatre fois *in Altavilla* ou
Eltwil. (1)

M. *Debure* le jeune qui a décrit les *Rudimenta
grammaticæ* de l'an 1468 (2), n'ose pas décider,
comme l'a fait depuis le père *Laire* (3), que le
type de ce livre soit celui même de *Schoyffer;*

---

(1) Savoir le 4 novembre 1467, in-4°. — Le 15 juin 1469, même
format; ces deux éditions sont à la Bibliothèque Impériale de Paris.
La 3e, datée du jour de S. Grégoire, pape, 1472, serait *in-folio* selon
Prosper Marchand, Hist. de l'imprimerie, 1re partie, p. 61 : mais je
crains qu'il ne se trompe sur le format. La 4e de 1477, in-4°, est
citée *in Opusculis J. Heumanni,* p. 452 ; et par M. de *Méerman* au
livre indiqué, p. 97, en note.

(2) Catalogue *Gaignat,* n° 1398.

(3) *Index,* etc., t. I, p. 66, n°. 2.

mais il avoue qu'il a beaucoup de conformité avec
le caractère de la Bible latine de l'an 1462. Il aurait
dû vérifier si l'idendité avec ceux du *Catholicon*
de 1460 était réelle, comme l'a prétendu M. l'abbé
Mauroboni pour le *Grammatica rythmica* de
1466 (4), et l'on saurait à quoi s'en tenir. Celle-ci
a sur ses marges différens caractères servant à renvoyer aux règles de *Priscien*, reproduites dans cette
Grammaire, ou au Commentaire sur ses propres
vers, existant dans la seconde partie des *Rudimenta* de l'an 1468. De ces caractères l'un est en
lettres de forme ou *de missel*, semblables à celles
des Psautiers de l'an 1457 et 1459, dont il faut
bien que l'imprimerie de *Guttenberg* ait été four-
nie comme celle de *Fust*, puisque ce genre de
caractères était fort en usage de son tems. Un
troisième caractère a une *très-grande conformité*
avec celui des *Offices de Cicéron*, publiés par
Schoyffer en 1465 et 1466; mais une *conformité*
n'est pas une *identité*, et tout cela mérite de re-
passer à l'examen, d'après les idées que je viens
de développer. Par malheur ces ouvrages sont fort
rares, et je ne les ai pas sous la main. Je renvoie
donc, jusqu'à de plus amples éclaircissemens, à
la description consignée dans le *Catalogue Gaignat*, sous le n° 1398.

_____

(4) *Biblioteca portatile*, t. II, p. 347.

L'auteur de cette Grammaire, composée en vers trochaïques, et des *Rudimenta*, paraît être un moine allemand nommé *Fontinus*, *Fontius* ou *Fonteius*, de la ville de Rochlitz, à ce que l'on conjecture par son propre ouvrage; et s'il est le même que le *Joannes* NAZARENUS dont j'ai parlé, son prénom serait *Jean*, car il faut tout deviner avec un auteur aussi énigmatique que celui-là.

On a vu ci-dessus par les éditions du *Vocabularium latino-teutonicum*, que l'imprimerie de *Guttenberg* et de ses successeurs, connue jusqu'à ce moment par l'usage d'un caractère favori, a subsisté depuis 1460 jusqu'en 1477. Si d'ailleurs cette imprimerie fut pourvue et assortie d'autres caractères, comme le *Grammatica rythmica*, les *Statuta Moguntina* et l'*Apologia Dietherici Isenburgici* nous en donnent l'idée, il est constant qu'elle a pu jeter dans le public beaucoup d'autres ouvrages (1) qui nous sont inconnus, et qui le seront peut-être long-tems, jusqu'à ce que le

---

(1) Après les quatre *Donat*, et la *Bible latine sans date*, M. Fisher, dans son *Essai sur les monumens typographiques de Guttenberg*, lui attribue encore les deux ouvrages ci-après :

1°. *Germanni de* SALDIS *Speculum sacerdotum;* Moguntiæ, *absque anno*, in-4°, seize feuillets.

2°. *Tractatus de celebratione Missarum*, trente feuillets in-4° sans souscription, mais du même caractère que le précédent, que l'on dit

hasard nous procure des monumens authentiques
propres à servir de pièces de comparaison. Aujourd'hui je n'aperçois encore que ceux dont j'ai
donné ci-dessus la notice qui puissent servir à
cet usage ; car il faut écarter de ce nombre certaines éditions qu'on a mises sur le compte de notre
Guttenberg et qui ne sont pas de lui ; telles que
le *Gregorii Papæ Dialogorum libri quatuor ,*
avec une prétendue souscription que voici (1) :
« *Explicit liber quartus Dyalogorum Gregorii.*
» *Presens hoc opus factum est per Joh. Gutten-*
» *bergium apud Argentinam , anno millesi-*
» *mo* cccc lviij. »

Il est évident que ce n'est point ici une souscription , ni le style de celles de *Guttenberg ,* de
Fust et *Schoyffer ,* mais une note et un avertisse-
ment écrit à la main par un maquignon adroit ,
qui a voulu vendre une édition sans date fort cher.
Palmer n'est point un auteur dont le témoignage

---

ressembler à celui du *Scrutinium Scripturarum* de *P. Schoyffer.*
Mais il n'ajoute pas à ces éditions celle des *Statuta Moguntina ,* qui
est attribuée à *Guttenberg* avec quelque probabilité par différens
Bibliographes. *Voyez* l'article IX ci-dessus.

(1) Elle est rapportée par *Sam. Palmer, a general history of Prin-*
ting ; London , 1733 , in-4°, p. 299 ; par *D. Clément, Préface de sa*
Bibliothèque curieuse , t. I , p. 16. — *Bibliographie instructive ,*
n° 495.

soit respectable. De son tems on essaya de vendre au généreux comte de *Pembrock*, amateur d'antiquités et de raretés littéraires, beaucoup de livres sans date pour des éditions précieuses. Rien ne prouve en outre que *Guttenberg*, en 1458, ait travaillé à Strasbourg, et cette faute démontre seule l'ignorance du maquignon. L'édition du *Catholicon* de 1460, datée de Mayence, nous induit à croire au contraire, que dès 1458 *Guttenberg* préparait dans sa patrie l'impression de ce gros livre. M. *Schoëpflin*, prévenu en faveur des imprimeurs de Strasbourg, convient aussi que celle des *Dialogues du pape Grégoire* dont je parle, est le fruit d'une imposture. (1)

On ne doit pas ajouter plus de foi à la date du *Liber de miseria humanæ condicionis Lotharii, Dyaconi Sanctorum Sergi et Bachi cardinalis, qui postea Innocentius tertius appellatus est;* anno Domini 1448, *in-4°* que le même M. *Schoëpflin* (2) veut faire passer pour authentique, et comme une édition sortie de Strasbourg en cette année. D'abord rien ne dit qu'elle appartienne à cette ville, et quand elle serait vraiment une production de l'art typographique des artistes de

---

(1) *Vindiciæ typog.*, p. 40 et 41.
(2) *Ibid.*

Strasbourg, *Guttenberg* n'y aurait point de part, puisque l'on a vu, par un acte authentique, que notre inventeur était en 1448 à Mayence (1). Les caractères du *Liber de miseria humanæ conditionis*, ont été retrouvés dans les *Contemplationes Joannis de Turrecremata*, publiés en 1472, *in-folio*, sans nom de lieu ni d'imprimeur.

Ainsi la plupart des éditions citées comme appartenant aux premiers tems de l'imprimerie, à cause de la rudesse et de l'imperfection des caractères, ont souvent une origine plus récente, parce que de tout tems les imprimeurs n'ont pas eu le même talent ni le même goût. Si donc les savans d'Allemagne si curieux, si communicatifs, si les membres de la société des arts et des sciences de Mayence ne trouvent pas dans les couvens, dans les bibliothèques et les archives de leur ville ou des environs, d'autres pièces que celles que nous connaissons ; comment un Français, éloigné de la capitale et des lieux qui furent témoins des premiers travaux de *Guttenberg*, pourrait-il en rencontrer ?

Il convient donc de terminer ici la liste des éditions de *Guttenberg* et de ses successeurs ; car il vaut mieux faire un petit ouvrage, appuyé

_____

(1) *Schelhornii observ. ad Quirinum*, p. 16.

sur des preuves évidentes, sur des raisonnemens péremptoires, que composer un gros livre chargé de conjectures qui ajoutent à nos incertitudes, sans aider à notre instruction.

J'aurais désiré rendre cet Éloge plus complet, mais ce travail ne pouvait être le fruit de l'imagination, puisqu'il est basé sur des faits devenus obscurs, sur des actes et des monumens ignorés ou très-rares. Il aurait fallu pouvoir les rassembler, les comparer, les discuter, ce qui ne donne aucun essor aux mouvemens de l'éloquence. Quel sera le rival heureux qui pourra réunir sous un même coup-d'œil ces actes et ces monumens, tellement dispersés, que les plus belles bibliothèques de Paris, de la France et de l'Allemagne ne les possèdent pas à-la-fois? Dans l'état où j'ai mis cet Éloge historique, dégagé de paradoxes, d'enflure et de superfluités, peut-être fournira-t-il des idées nouvelles aux amis de l'art d'imprimer, des rapprochemens et des aperçus non devinés. Si j'ai manqué ce but, il prouvera du moins mon zèle pour obtenir quelque certitude dans l'histoire du premier inventeur de l'art typographique, mon amour pour cet art lui-même, et le désir que j'avais de répondre à l'invitation faite aux gens de lettres, par l'illustre Société littéraire qui s'est formée dans la ville fameuse où l'imprimerie fut créée par mille procédés brillans et ingénieux.

Qui primus latinas effinxit in ære *lituras ,*
 Et docuit sacros ære *notare libros :*
Nonne putas dicti cœlum superasse Myronis ,
 Phidiacas Veneres , Parrhasiosque Joves ?
Hunc ego Dædalios etiam vicisse labores ,
 Hunc ego Palladias credo habuisse manus. (1)

---

(1) *Quinti* ÆMILIANI *Vincentini Carmen in laudem Prototypographi ;* on trouve ces vers sur une Bible latine imprimée à *Venise* par *Jean Herbordt de Seligenstadt ,* en 1483 , *in-fol.* Voyez aussi *Maittaire et Méerman* qui les ont copiés.

ACTES

QUI PEUVENT SERVIR DE PREUVES

A L'ÉLOGE HISTORIQUE

DE J. GUTTENBERG.

1. *Lettre de J. Guttenberg à sa sœur, tirée de l'ouvrage de M.* Oberlin, *cité très-souvent.*

« *A la digne religieuse* Berthe, *au couvent de Sainte-Claire de Mayence, salut et souhait amical et fraternel.*
» Chère sœur, sur ce que vous me marquez que vos rentes et argent qui vous ont été légués par *Conrad* notre frère, Dieu lui soit propice, par son testament, ne vous ont pas été payés souvent et depuis long-tems, et qu'ils vous sont dus encore, et se montent, comme vous dites, à une somme considérable, je vous fais savoir que vous pourrez prendre et toucher contre votre quittance, la somme de vingt florins (d'or) de mes rentes et revenus, placés, comme vous savez, à Mayence et en autres lieux sur *Jean Dringelter* le ciergier, et sur *Véronique Meystersen* à Seilhoven, à Mayence et en plusieurs autres lieux, comme *Pédirmann* pourra vous

l'apprendre, à Lorzwiller et à Bodenheim, et à Mumin-
heym. Je me propose, s'il plaît à Dieu, comme j'espère
de vous revoir dans peu, d'arranger l'affaire avec *Pédirmann*, pour que votre bien vous soit délivré promptement de la manière qu'il vous est légué et constitué.
J'attends d'abord là-dessus votre réponse.

Donné à Strasbourg. *Feria quinta post Dominicam
Reminiscere* (le 24 mars) m cccc xxiiij.

Signé *Henne Genszfleisch*, dit *Sulgeloch.* »

Au dos de la lettre on lit : *à la digne et respectable
religieuse sœur Berthe Gensfleisch de Sulgeloch, religieuse à Sainte-Claire de Mayence.*

2. Diplôme de *Conrad III*, archevêque de Mayence,
daté du dimanche *Lætare Jherusalem* 1430, portant
accord entre la noblesse et les tribus bourgeoises de
Mayence. Il en résulte que *Henchin* ou *Jean de Gudenberg* était alors absent de cette ville. Ce diplôme est
imprimé dans *Scriptores rerum moguntinarum de G. Chr.
Joannis*, t. III, p. 460 et suiv., et plus exactement
dans *l'Histoire de Guttenberg*, par *Koehler*, en allemand.
Leipsick, 1741, in-8°.

3. Acte daté du dimanche après la fête de Saint-Gré-
goire 1434, relatif au procès entre *J. Guttenberg* et
Nicolas, scribe de Mayence, pour trois cent dix florins
d'arrérages qui lui étaient dus par le Sénat de Mayence ;
imprimé en allemand et en latin dans le *Vindiciæ typographicæ de Schoëpflin* déjà cité.

4. Acte relatif au procès de *J. Guttenberg* avec *Anne Iselin*, pour une promesse de mariage entre lui et cette demoiselle en l'année 1437, cité par le même M. *Schœpflin*, même livre, chap. II, p. 17.

5. Extrait du livre des Octrois de la ville de Strasbourg de 1436 à 1440, relativement à *J. Guttenberg* et *Anne Iselin* son épouse, en allemand et en latin. *Même livre.*

6. Déposition des témoins au grand Sénat de Strasbourg dans le procès de *Guttenberg* contre les héritiers d'*André Dritzehen*, datée de l'an 1439, en allemand et en latin. *Même livre.*

7. Déposition de *Laurent Beildeck*, domestique de *Guttenberg* dans la même affaire, avec une liste d'autres témoins ; 1439, en allemand et en latin. *Même livre.*

8. Sentence du Sénat de Strasbourg dans cette affaire, datée du 12 décembre 1439 ; en allemand et en latin. *Même livre.*

9. Acte relatif aux payemens faits à *Guttenberg* par *Rudiger de Landeck*, daté de l'an 1441 ; imprimé en allemand dans l'ouvrage de *Koehler* déjà cité.

10. Acte d'acquisition par le doyen et le chapitre de l'église Saint-Thomas de Strasbourg, de revenus dont *J. Guttenberg* est un des débiteurs ; daté du 8 des

calendes d'avril 1441 ; en latin. Dans l'ouvrage de *Schoëpflin* déjà cité.

11. Vente et cession par *Guttenberg* au doyen et au chapitre de l'église Saint-Thomas de Strasbourg de ses revenus sur le Sénat et la ville de Mayence ; datées du 15 des calendes de décembre de l'an 1442 ; en latin. *Même livre.*

12. Bail de la maison louée par *Guttenberg de Ort Zum-Jungen* à Mayence, le 28 octobre 1443 ; en allemand ; imprimé dans l'ouvrage de *Koehler*, et celui de *Schelhorn* sur *Quirini*, p. 15.

13. Acte dans lequel *Guttenberg* paraît comme témoin au tribunal de Mayence, dans une affaire avec *Ort Zum-Jungen* et les *Wetter*, en 1445; imprimé en allemand dans *Koehler*, p. 82; et dans *Schelhorn* sur *Quirini*, p. 16.

14. Transaction de l'an 1448, le dimanche après la fête de l'Epiphanie, par laquelle il achète une propriété nommée *Lauffenberg*, et dans laquelle *J. Fust* et *Pierre Van Aiche* paraissent comme témoins ; imprimée en allemand dans *Koehler*, et citée par *Schelhorn* sur *Quirini*, p. 16 et 17.

15. Autre transaction du 12 janvier 1450, relative à une fourniture de vin pour la maison de *Guttenberg* et de *Catherine Kitgins* sa nouvelle femme ; imprimée en allemand dans *Koehler*, p. 83, et dans *H altause Specimen Calendarii medii œvi*, §. II, p. 41.

16. Pièces du procès jugé à Mayence le 6 novembre 1455, entre *Jean Fust*, demandeur, et *Guttenberg*, défendeur, pour argent prêté à l'effet d'imprimer un ouvrage qui n'y est pas nommé; imprimées en allemand dans le *Selecta juris et historiæ de Senckenberg*, t. I, p. 269 et suiv. — Dans *Wolfii Monumenta typographica*, t. I, p. 472 et suiv. — Dans *Koehler* plus exactement, page 54 et suiv. — Et en Français dans la *Dissertation* de M. *Fournier* le jeune *sur l'Origine de l'imprimerie primitive en taille de bois*, p. 116 et suiv.

17. Transaction de l'an 1456 entre *Guttenberg* et *Ort Gelthus* d'Oppenheim; en allemand dans *Koehler*.

18. Autre transaction de *Guttenberg*, son frère et trois de ses cousins, avec l'abbesse et les religieuses du couvent de Sainte-Claire de Mayence, datée du jour de Sainte-Marguerite, 20 juillet de l'an 1459. Je la copie à cause de son importance. Cette pièce a été découverte par M. *Bodman*, archiviste de Mayence, communiquée à M. *Fischer*, qui la fit imprimer en allemand dans un Traité qui a pour titre : *Beschreibung einiger typographischen seltenheiten*, etc. *Maynz*, 1800, *in-8°*. — J'en emprunte la traduction française au savant professeur *Oberlin*, qui l'a publiée dans son *Essai d'Annales de la vie de Jean Guttenberg*. Strasbourg, an IXᵉ (septembre 1801), *in-8°*, p. 4 et suiv.

« Nous *Henne* (*Jean*) Genszfleisch de Sulgeloch, nommé Gudinberg, et nous *Friele* Genszfleisch frères,

affirmons et déclarons publiquement par les présentes,
et savoir faisons à tous, que, du conseil et consente-
ment de nos chers cousins *Jean* et *Friele*, et *Pédirmann*
Genszfleisch frères à Mayence, avons renoncé et re-
nonçons par les présentes, pour nous et nos hoirs simplement, totalement et à-la-fois, sans fraude ni ruse, à
tout le bien *qui a passé par notre sœur Hebele* (1) au
Couvent de Sainte-Claire de Mayence, dans lequel elle
s'est faite religieuse, soit que ledit bien y soit parvenu
de la part de *notre père Henne* Genszfleisch qui l'a
donné lui-même, ou de quelle manière que le bien y
soit parvenu, soit en grain, argent comptant, meubles,
bijoux ou quoi que ce soit, que les respectables religieuses, l'abbesse et les sœurs dudit couvent ont reçu
en commun ou en particulier, ou d'autres personnes du
couvent (ont reçu) de ladite *Hebele*, peu ou beaucoup,
et avons promis et promettons par les présentes, de
bonne foi, pour nous et nos hoirs, que ni nous, ni
personne de notre part, ni encore les susdits nos cousins, ni aucun de leurs héritiers, ni personne de leur
part, ne redemanderont ni réclameront dudit couvent, ni

---

(1) Quoique M. *Oberlin* ait distingué *Hebele* de *Berthe* et en
fasse deux religieuses, sœurs de notre *Guttenberg*, je crois qu'il
faut les regarder comme le seul et même personnage; autrement
il faudrait distinguer aussi *Jean* de *Henne Guttenberg* qui est le
même individu. Cette pièce fait présumer la mort récente de la
religieuse *Berthe*, ou *Hebele Genszfleisch*, à la succession de laquell e
on renonce ici, à cause des bienfaits de *Conrad* son frère, relatés
dans la lettre de 1424, copiée ci-dessus.

de l'abbesse, ni du couvent en commun, ou des personnes qui s'y trouvent en particulier, ledit bien quel qu'il soit, ni à-la-fois, ni par parties, et que nous ne le redemanderons jamais, soit par le juge ecclésiastique ou civil, soit sans le secours du juge; et que ni nous ni nos hoirs ne molesterons jamais ledit couvent, soit par paroles, soit de fait, ni en secret, ni en public d'aucune manière. *Et quant aux livres que moi*, Henne *susdit, ai donnés à la bibliothèque du couvent, ils doivent y rester toujours et à perpétuité, et je me propose, moi* Henne *susdit, de donner aussi sans fraude à l'avenir audit couvent pour sa bibliothèque, à l'usage des religieuses présentes et futures, pour leur religion et culte, soit pour la lecture ou le chant*, ou de quelle manière elles voudront s'en servir d'après les règles de leur ordre, *les livres que moi Henne susdit* AI DÉJA IMPRIMÉS A CETTE HEURE, *ou que je pourrai imprimer à l'avenir*, en tant qu'elles voudront s'en servir : et pour ceci l'abbesse susdite, ses successeurs et religieuses dudit couvent de Sainte-Claire se sont déclarées et ont promis de me laisser quitte moi et mes hoirs de la prétention qu'avait ma sœur *Hébele* des soixante florins que moi et mon frère *Friele* susdits avons promis de payer et délivrer à ladite *Hébele* pour sa dot et sa part provenant de la maison que *Henne* notre père lui a assignée pour sa part en vertu des lettres qui ont été dressées là-dessus, sans fraude ni ruse. Et pour que ceci soit tenu par nous et par nos hoirs fermement et en son entier, nous avons donné auxdites religieuses et à leur couvent et ordre, les présentes lettres scellées de nos sceaux. Fait et donné l'an de la naissance de J. C. 1459, le jour de Sainte-Marguerite (20 juillet). »

On y trouve en effet quatre sceaux, mais celui de *Pédirmann* manque.

19. Rescript d'*Adolphe II*, archevêque de Mayence, dans lequel il admet *J. Guttenberg* au nombre des officiers nobles de sa maison. Il est daté d'Eltwil le jeudi jour de Saint-Antoine 1465, et imprimé en allemand dans *Scriptores rerum moguntinarum de G. Chr. Joannis*, t. III, p. 424; dans *Koehler*, p. 100; dans *l'Histoire de l'imprimerie* de *Prosper Marchand*, partie IIᵉ, p. 13. Je l'ai fait traduire en français pour le placer ici.

« Nous ADOLPHE II , Électeur et Archevêque de Mayence, etc., ayant reconnu *et pris en considération les services agréables et volontaires que nous a rendus et à notre chapitre* (ou archevêché) *notre cher et fidèle Jean* GUDENBERG, *pour cela et par grâce particulière, nous l'avons nommé et reçu notre* SERVITEUR ET DOMESTIQUE *à la cour,* charge qu'il occupera pendant sa vie : et afin qu'il puisse jouir d'autant plus utilement de ladite charge, nous voulons qu'il soit habillé et vêtu *comme nos nobles,* tous les ans et à nos frais, quand nous ferons habiller les gens de notre cour. De même nous voulons que *tous les ans il puisse faire entrer en notre ville de Mayence librement et gratuitement,* sans droit de douane et de passe, *vingt matters* (muids) *de blé, et deux foudres de vin à l'usage de sa maison, sous la condition toutefois qu'il ne pourra les vendre ni les donner.* (1) L'exemptons pareillement et pour la vie , du service de garde, de toutes contributions et autres charges publiques, desquels priviléges et avantages nous croyons que nôtre fidèle *Jean* GUDENBERG nous aura obligation. Donné à Eltwil le jeudi jour de St.-Antoine de l'an 1465. »

20. Lettre de *Conrad Humery* , où il promet à l'arche-vêque de Mayence de ne point vendre à des étrangers le mobilier typographique de *Guttenberg* dont il était devenu propriétaire. Datée de Mayence le vendredi après la St.-Mathieu, 1468. — En allemand, imprimée dans les ouvrages cités au n° 19. Je l'ai fait traduire en français pour la placer ici à cause de son importance.

« Moi *Conrad* HOMERY, docteur, *reconnais* par ces présentes, que le très-révérend Prince, mon gracieux maître et Seigneur bien aimé, ADOLPHE, archevêque de Mayence, *m'a de sa grâce fait remettre quelques formes , lettres, instrumens, ustensiles et autres effets appartenans à l'imprimerie que* Jean Gudenberg *a laissée après sa mort, laquelle imprimerie m'a appartenu et m'appartient encore; qu'en considération de cette grace, je me suis engagé et obligé par ces mêmes présentes à employer ces formes et ustensiles pour imprimer à présent et dans la suite dans la ville de Mayence et non ailleurs.* De même

_____

(1) Sans doute *Guttenberg* avait une habitation à Mayence, ou jouissait de ce droit dans Eltwil.

je promets qu'en cas de vente de ladite imprimerie, si un citoyen de Mayence m'en offrait autant qu'un étranger, *de la remettre au citoyen établi à Mayence de préférence à tous étrangers.* En foi de quoi j'ai placé ma signature et mon sceau à la fin de ces présentes, le vendredi après la Saint-Mathieu de l'an 1468, depuis la naissance de N. S. J. C. (répond au 21 septembre). »

F I N.

www.ingramcontent.com/pod-product-compliance
Lightning Source LLC
Chambersburg PA
CBHW072051080426
42733CB00010B/2079